U0918632

《三自性颂》的三性思想研究

释则生◎著

宗教文化出版社

图书在版编目（CIP）数据

《三自性颂》的三性思想研究 / 释则生著.

-- 北京:宗教文化出版社, 2025.4

ISBN 978-7-5188-1506-7

Ⅰ.①三… Ⅱ.①释… Ⅲ.①唯识宗—研究 Ⅳ.①B946.3

中国国家版本馆CIP数据核字（2024）第004945号

《三自性颂》的三性思想研究

释则生　著

出版发行：宗教文化出版社

地　　址：北京市西城区后海北沿44号（100009）

电　　话：64095215（发行部）　64095200（编辑部）

责任编辑：余　葶

版式设计：张尹君

印　　刷：中国电影出版社印刷厂

版本记录：880毫米×1230毫米　32开　5.5印张　200千字

2025年4月第1版　2025年4月第1次印刷

书　　号：ISBN 978-7-5188-1506-7

定　　价：58.00元

目录

前言

唯识学中，“三自性”比“唯识”或“唯识无境”更基本。《三自性颂》顾名思义是专门论述“三自性”的典籍，篇幅很小（全文三十八个偈颂），我选择加以注释，有意控制篇幅，避免写成大部头，最终有了这本小册子。这个册子旨在为读者提供三性思想的全景概览。我对精要之处也有重点论述，想为有意深入了解瑜伽行派思想的入门者打下牢固基础。

在写作过程中，因不断地修改，就有了多个版本（我个人习惯标注版本号）。2022年7月前，我向有缘法师和学者征求批评建议，收到了曹彦、陈雁姿、吕新国、张晓亮、姚治华、廖乐根、宽德法师、顾毳、杨洁（按时间顺序）等多位师友提出的意见，在此郑重表示感谢。曹彦老师为我指出梵语方面的问题。陈雁姿老师建议我增加真谛三藏的《三无性论》及《显扬论·成无性品》，减少一些不相干的意见、口语及俗语。吕新国老师结合文中表述提出了自己的看法，指正错别字。与张晓亮老师，我们主要针对个别词的翻译及“心”的词源学等进行探讨。姚治华老师非常细致地为我审阅了4.5版，指出这一版本汉梵藏语转写的错误。姚治华老师建议我删除对“唯识”梵语词源学具体的分析，并对文中个别词汇及语句表述质疑。顾毳老师对文37颂的*vibhutva*如何理解的问题表达了自己的看法，并提供部分内容藏英译文。杨洁老师对37颂中*vibhutva*以六离合释进行分析，提出了自己的理解。姚治华老师对*vibhutva*进行了说明，讲了自己的理解。参照这些宝贵意见，我在修订稿中作出相关修改，有些地方用正文说明，个别地方用脚注说明。极个别处，我再三斟酌后还是坚持原有描述。廖乐根老师指出个别颂义同于《辩中边论》或《辨法法性论》对应部分。宽德法师主要指出错别字或多余字及标点问题。

由于多次修改的原因，以上审阅法师和老师看到的是早期版本。现在的版本主体部分是7.5版本，7.5版本比之4.5版，正文注释有所增加，最大的改动是多了余论部分。2022年7月起，进入冷处理阶段。2023年2月我对7.0版进行了修订，主要改动是在章节上增加“导读”，此前版本的一个小章节调整到导读部分，此外修改了第二章及个别偈颂的注释。

后续又有征求意见。祖光法师对个别脚注的英译提出意见。决定正式出版之后，进行全篇检查和审视，修订了少部分内容。则写法师、张晓亮和余翔两老师在出版前夕，给出了修改意见或提出问题，由于此时无法进行大篇幅的回应，以及我觉得文中蕴含了相关问题答案，这样本次修改涉及的内容极少。错谬或不完善之责归咎于我，与以上提及及未提及的师友无关。

感谢师友们提出宝贵意见以及对本书的关注。感谢温州佛学院以及天圣山佛教文化研究院给我提供宽松的教学和研究环境。感谢余葶编辑为本书出版的付出。最后，郑重感谢湖北省孝昌县龙海书院资助出版！

budgood@126.com

2024年9月19日

导读

一、思想和宗派观念背景

本文涉及的著作是《三自性颂》（*Trisvabhāvanirdeśa*，简称TSN），[①]一个藏文本作者标记为龙树（ཀླུ་སྒྲུབ），另一个藏文本作者标记为世亲（དབྱིག་གཉེན）。世亲（Vasubandhu）撰写三性思想的著作不难理解。然而，也很难从龙树思想上断言，他定然不可能撰写三性思想的著作。理解这个情况，可能需要提及印度佛教中观和唯识两大大乘宗派的主要差异。

般若经主张色等诸法只是心识的呈现，是观念（想），是名言的诠显。般若经习惯使用幻（幻事）、梦等譬喻，这里列出几段经文加以说明：

《大般若波罗蜜多经》卷1："于诸法门胜解观察，如幻、如阳焰、如梦、如水月、如响、如空花、如像、如光影、如变化事、如寻香城；虽皆无实，而现似有。"（T05，p.1c）

《大般若波罗蜜多经》卷3："若菩萨摩诃萨欲通达一切法如幻、如梦、如响、如像、如光影、如阳焰、如空花、如寻香城、如变

---

① 龙树藏本的梵语转写是"*swabhā-tyaya-prabeśa-sādhana*"，有的资料写为"*Trisvabhāvapraveśasiddhi*"，世亲藏本的梵语转写是"*Trisvabhāvanirdeśa*"，有的资料写为"*Trisvabhāvakārikā*"。

化事，唯心所现，性相俱空，应学般若波罗蜜多。”（T05，p.13c）

《大般若波罗蜜多经》卷467：“诸行如幻、虚妄不实、不得自在；亦如虚空、无我、有情、命者、生者、养者、士夫、补特伽罗、意生、儒童、作者、受者、知者、见者皆不可得，唯是虚妄分别所起，一切皆是自心所变。”（T07，p.365b）

《大般若波罗蜜多经》卷555：“应观诸法唯有假名所诠表故，随顺般若波罗蜜多；应观诸法唯有言说假施设故，随顺般若波罗蜜多；应观诸法唯假建立，无处、无时，亦无实事可宣说故，随顺般若波罗蜜多；应观诸法但有虚假性相用故，随顺般若波罗蜜多。”（T07，p. 859c）

“幻”（*māyā*）通常与“幻师”（*māyākāro*）联系在一起，利用“如幻”譬喻说明那些与实际情况不相符合的显现（行相）。“幻”是指幻觉中的幻马、幻象等幻事，“如幻”是譬喻法显现为本来不具有的形态、行相，实际并非看起来的样子，欺骗或隐藏事物的真相，心识颠倒或错误显现出的某种假象，具有误导性。经典中有时使用“翳”“毛轮”来譬喻，这是主张由于颠倒或错乱的力量，导致虚构事物或错误显现出实际不存在的体相，不能以其相表征有对应实物存在，“在者”并非是其所是。这样，“如幻”的意思是无而现有（似有）、不是如所显现而安住、显现为与实际情况不符合的形态（行相）、似是而非等。这也就注定，“如幻而有”的意思是如现而非有的存在，并非如所显现而安住如是而有。

依于颠倒或错乱的力量所出现的各种显现，就是虚妄分别识的运动过程也就是在认知过程中出现的种种相。唯识典籍中有“似能取”“似能缘”“似见分”“似尘”“似境”“见分”等以及“似能取”“似所缘”“似相分”“相分”“似根”“似识”等概念。联系唯识系典籍中“现似”(*pratibhāsa*)这个词，按照上田义文等人的研究，这个词被翻译成显现、显现似、现似、似、变似等，表示“虽然诸法为识所得知，但是却并非实际存在，故被喻为幻、梦”[①]这样的含义，本文采取“无而现似有”“如所显现而非有”之类的简略表述。《唯识三十颂》第一颂指出：由于对有情(我)、法的虚妄分别，尤其种种施设活动，熏习依他起性名言习气及遍计所执性言说习气，导致识转变中出现千差万别的有情(我)和法的相。识显现的这些相作为“言谈安足处事”，依托名言进行施设(建构、诠显)，完全不超出名言或说概念[其实是影像]，就是称之为色、受等的，只是名言描述“相”而已，只能是在表述观念中的事物(名言自性)；相本身却又是无而现似有，其实也就是错乱或颠倒的力量所产生的。

施设[名]或假立[名]意思是赋予名言、使用名言表述，“所谓x即非x,是名x”这个模式中去命名、描述、建构、诠显。[②]我们

---

① [日]上田义文：《唯识思想入门》，慧观等译，北京：宗教文化出版社，2017年，页13。

② 《大般若波罗蜜多经》卷384：“善现！名皆是客，皆是假立，皆属施设，谓此名色，此名受、想、行、识；此名眼处，此名耳、鼻、舌、身、意处；此名色处，此名声、香、味、触、法处；此名眼界，此名耳、鼻、舌、身、意界；此名色界，此名声、香、味、触、法界；此名眼识界，此名耳、鼻、舌、身、意识界；此名男，此名女；此名小，此名大；此名地狱，此名傍生，此名鬼界，此名人，此名天；此名世间法，此名出世法；此名有漏法，此名无漏法；此名有为法，此名无为法；此名预流果，此名一来果，此名不还果，此名阿罗汉果，此名独觉菩提；此名一切菩萨摩诃萨行，此名诸佛无上正等菩提；此名异生，此名声闻，此名独觉，此名菩萨，此名如来。善现！如是等一切名皆是假立，为表诸义施设诸名故，一切名皆非实有。诸有为法亦但有名，由此无为亦非实有，愚夫异生于中妄执，菩萨摩诃萨行深般若波罗蜜多时，方便善巧教令远离，作如是言：‘名是分别妄想所起，亦是众缘和合假立，汝等不应于中执著，名无实事自性皆空，非有智者执著空法。’如是，善现！菩萨摩诃萨行深般若波罗蜜多时，方便善巧为诸有情说离名法。”(T06, pp. 983c–984a)

当然可以结合“幻”来理解，幻现的象、马等的相虽然有，然而其虚伪，并没有象、马等实事与之对应，其实象、马等也没有显现。《瑜伽师地论》卷73中的表述非常恰当：“如幻事相，非全无有。譬如幻事，有幻事性，无象马、车步、末尼、真珠、金银等性。如是诸法，体性唯有名相可得，无有自性、差别施设显现可得。”（T30，p. 700a）世人只是依着“相”建立“名”，然而名言所显的事体以及如现而有的事体都不存在；事物并不以世人感知到的样子以及显现的样子而存在，这正体现了它们的无自性。即使对于十地菩萨，所知事的行相仍然像被薄绢遮住眼睛所见的掌中庵摩罗果一般，显现中存在某种模糊或不完全的状态。这样，就可以理解“如梦五蕴等义无所有故，如梦五蕴等名都无所住亦非不住。”[a]《唯识二十论》中指出依似色等显现的识建立色处等，十二处为密意宣说。这意味着色等相法并非依自身情况作为色法等存在，或者说并非由法的“我”决定其本来就是色等相法。由于“此中都无色等相法”，故无“法我”。

对般若经中“如幻”的一种解读方式是加自性有简别：法显现为自性有而实际非自性有，所以“如幻”。那么，无自性的法显现为有自性的法，就是如幻；无自性的法显现为无自性的法就不如幻？然而，无自性的法显现为无自性这点也要如幻。按照般若经的精神，“诸法如幻”是说诸法全方面地如幻，不是一部分不如幻。[2]无论体性、自性都是如现而非有，并不是说“体性不如幻，

---

① 《大般若波罗蜜多经》卷409：“世尊！我于如梦、如响、如光影、如阳焰、如像、如幻、如化五蕴若增若减不知不得，如何可言此是如梦五蕴乃至如化五蕴？如梦五蕴等名皆无所住亦非不住。何以故？如梦五蕴等义无所有故，如梦五蕴等名都无所住亦非不住。”(T07, p. 46b)

② 《大般若波罗蜜多经》卷587：“若一切法少分实有非如幻事，则诸菩萨毕竟

自性如幻”，而是“体性如幻，自性如幻”。体性无而现似有，自性无而现似有，这样一模一样的如幻的味道。

有为法体性依据缘起正确显现，如所显现地安住，这样根本就没有如幻的味道。以佛来看，三界所摄的事体也都是如幻。不如所显现地安住的存在和如幻的显现模式只能是源于不清净习气或者遍计所执相言说习气，事物像幻术作祟下观众妄见到大象那般显现，有错乱因和戏论相。

无相唯识和有相唯识建立如幻的角度是相同的，都是从“非有似有”建立，也就是说依他起性非以显现的行相（样子）而存在。[①] 比如我法执导致有人我的影像和法我的影像显现，也就是有遍计所执影像显现，从那些虚妄变现的相上说如幻。[②]相由于没有被正确（如实）显现，应说相本就不是正确显现（如实显现），所以《金刚经》主张“凡所有相，皆是虚妄”。

相对而言，境（所认知）如幻比识（能认知）如幻更容易理解。能所如幻实际基于同样的原因，就是遍计所执言说习气（所取能取言说熏习）的力量，[③]造成识和境都没有显现真实相，识和境就

不能回向趣求一切智智；以一切法无少实有非如幻事故，诸菩萨回向趣求一切智智。”（T07，p. 1037a）

① 这里仅列两处引文：1.《中边分别论》卷2：“幻化者，为象、马等实体故无有，非无，唯似象等，散乱有故。义亦如是不有，如所显现能执所执故。非不有，唯相似散乱相有故。等者，如野马、梦、幻、水月等譬。如是道理应知。”（T31,p. 462a）2.《成唯识论》卷8：“依如是义，故有颂言：非不见真如，而能了诸行，皆如幻事等，虽有而非真。此中意说三种自性皆不远离心心所法，谓心心所及所变现众缘生故，如幻事等，非有似有诳惑愚夫，一切皆名依他起性。”（T31，p. 46c）

② 《成唯识论》卷8：“无分别智证真如已，后得智中方能了达依他起性如幻事等。虽无始来心心所法已能缘自相见分等，而我法执恒俱行故，不如实知众缘所引自心心所虚妄变现，犹如幻事、阳焰、梦境、镜像、光影、谷响、水月、变化所成，非有似有。”（T31，p. 46b–c）

③ 依据列出两处：1.《解深密经》卷2：“如彼清净颇胝迦上，所有染色相应；

显现为犹如能取性及犹如所取性［也就是相似于遍计所执性］，我们可以表述为“现似所取能取的乱识存在（是有）”，这是能所二者如梦、如幻、如毛轮等表述的基础。这里我们可以结合《辩中边颂》中“似二性显现，如现实非有”来理解。[①]无自性的遍计所执性（二取性）被乱识显现为定有自性，乱识（包含境）不像它所显现的那般有彼自性。识境显现虽有而非真，意味着如现而有的能认知和所认知实际上都是不存在的，也就是观感中的那般的识和那般的境都实无。基于这样的事实，唯识典籍中有时称之为能所、见相、二取等，然而更重要的是“似二分”（似能所、似二

依他起相上，遍计所执相言说习气，当知亦尔。”（T16，p. 693b）2.《辩中边论》卷3：“所取能取言所熏习名言作意，即此作意是所能取分别所依，是能现似二取因故。”（T31,p. 475a）

① 世亲论师对此颂解释：“似二性显现者，谓似所取能取性现，乱识似彼行相生故。如现实非有者，谓如所显现，实不如是有。”（《辩中边论》卷3，T31，p. 475a）当然也可以对照同卷：“前说诸义离有非有。此如幻等非有无故。谓如幻作诸象马等彼非实有，象马等性亦非全无，乱识似彼诸象马等而显现故。如是诸义无如现似所取能取定实有性，亦非全无，乱识似彼所取能取而显现，故等声显示阳焰三、梦境及水月等，如应当知。”（T31，p. 475a–b）从这两处，容易发现“似二性显现”与“似彼所取能取而显现”是相同的意思，也就是：二取=二取性。认为二取不等同于二取性，就如同认为遍计所执不等同遍计所执性。一般情况下，不必要区分遍计所执与遍计所执性。同理，区分二取与二取性也无必要。两处引文主张，乱识（虚妄分别）显现为犹如所取（似所取）以及犹如能取（似能取）。这样的观点，在《成唯识论》中也有体现，比如卷8解释《唯识三十颂》第20颂的行文中，列出的两家观点，1.“虚妄分别为自性故，皆似所取能取现故。”（T31，p. 45c）2.“虽似所取能取相现，而非一切能遍计摄。”（T31，p. 46a）这两家观点共同承认虚妄分别似所取能取显现，这样的依他起识似二取显现是反映（表现）遍计所执（二取性）。鉴于有这样的情况：一些人士认为“能取”和“所取”就是似能取及似所取，把“无二取”“二取无”理解成没有似二取，然而“无二取”“二取无”实际指向没有二取性（遍计所执性）。此处提议：二取或二取性就坚持视为是遍计所执，虚妄分别（三界所摄的心王及心所）的能所二相称为“似二取”或“二取相”或“遍计所执性的影像”。在三性判摄上，二取（能取、所取）或二取性（能取性、所取性）是遍计所执性，似二取（似所取、似能取）是依他起性。即使从文字上也容易辨别，“似所取”不是“所取”，“似能取”不是“能取”。另外，显现似二取并不等同于执著二取（执取能取所取性），容有虽显现但不执著的情况。

取）、“似见相”这样的表述，换言之若干行文中是把似见分、似相分等称之为“见分”“相分”等。在唯识无境的观修中，识境（能所）如幻的道理是认知所取空和能取空的基础。总之，境如幻识却不如幻绝不合理。

我们对x的感知有受、想、思、慧、寻、伺等心所的参与，这些心所共同形成一种印象（观感），进而有了观念以及言说，这就认定x是其所是的那般，被称为“x”来代指。[①]假立（施设）的动作就是把“x”赋予x，从而x就成为“x”或者说“x”成为x，“x”和x具有了同一性。不难发现，x之所以仅是被称为“x”的东西，因为只是一种关于x观念。

“唯心所现”和“但是假名”中“但”和“唯”是同义词，意思是只是、仅仅。声音和文字能够表义的核心基础是心识内形成影像（共相），假名的力量通过这种影像来实现；没有自心所变这种影像，声音和文字就没有认知论意义。人们根据心识显现的影像，形成了对事物的观念，对事物的认知也就被禁锢在观念之内。

“但是假名”必然蕴含着“唯是影像”，心识通过虚妄分别所起的影像诠显色等。当然，心识不通过语言文字也能形成影像，影像是认知事物的标志。这样，不难理解“唯心所现”和“但是假名”必然相通。

《般若经》主张缘生的力量和假名施设的力量成立的诸法如幻而无自性，[②]其核心思想是法实际上不是所感知的那样子的法，那

---

① 此处需要说明：人和动物的一个重要差别是善于使用语言文字表述事物与否，也就是是否善于把观念用语言文字表述出来。

② 《大般若波罗蜜多经》卷379：“因缘如梦都无自性，等无间缘、所缘缘、增上缘如梦都无自性；因缘如响、如像、如光影、如阳焰、如幻事、如寻香城、如变化事都无自性，等无间缘、所缘缘、增上缘如响乃至如变化事都无自性。从缘生法如梦

样子的法的观念（法想）中的法根本不存在，这样建立法以无自性为自性。[①]至于缘生，也就变成了依托唯名言安立之因及缘而有假名安立的果。由于"色等诸法毕竟不生"，一方面主张世俗谛空无所有，[②]一方面主张依世俗建立修道和证果，一个原因是圣智行于胜义谛而知"诸法皆不可得"，[③]然而凡夫不知性空如幻，所以这样又有轮回。[④]然而，轮回也是性空如幻、假立施设有。

根本中论有些行文把"自性"界定为非由因缘造作而成及不

都无自性，如响、如像、如光影、如阳焰、如幻事、如寻香城、如变化事都无自性。"（T06，p. 959b）

① 《金刚经》习惯使用x非x是名x来表述这种情况，x可以是我、人、众生、寿者、法等等一切。这种表述主要是讲这样的道理：有情有关于x的观念（x想），然而x只是被施设为x，x的真相并非x的观念（x想）中那样的x，x的观念（x想）中那样的x事实上不存在，以这样的方式无自性。"我想""人想""法想"等在鸠摩罗什译本中翻译成"我相""人相""法相"等，此中"相"是"想"的通假用法。《大般若波罗蜜多经》卷365："'复次，善现！一切法皆以空为自性，一切法皆以无相为自性，一切法皆以无愿为自性。善现！由是因缘，诸菩萨摩诃萨应知一切法皆以无性为其自性。''复次，善现！一切法皆以真如为自性，一切法皆以法界为自性，一切法皆以法性为自性，一切法皆以不虚妄性为自性，一切法皆以不变异性为自性，一切法皆以平等性为自性，一切法皆以离生性为自性，一切法皆以法定为自性，一切法皆以法住为自性，一切法皆以实际为自性，一切法皆以虚空界为自性，一切法皆以不思议界为自性。善现！由是因缘，诸菩萨摩诃萨应知一切法皆以无性为其自性。'"（T06，p. 880a–b）

② 《大般若波罗蜜多经》卷569："诸法无灭是故无生。何以故？性不变故，但由世俗见有生灭，皆是虚妄非真实有。若诸菩萨行深般若波罗蜜多，方便善巧见因缘法，知世俗谛空无所有，不见坚实，非有似有，如幻、如梦、如响、如像、如光影、如阳焰、如变化事、如寻香城，摇动不安从因缘起，是诸菩萨以妙般若观诸法空，广说乃至从因缘起。"（T07，p. 939a）

③ 《大般若波罗蜜多经》卷563："佛告善现：'若诸菩萨行深般若波罗蜜多，为行何义谛？'善现白言：'若诸菩萨行深般若波罗蜜多，行胜义谛。'"（T07，p. 905a—b）

④ 《大般若波罗蜜多经》卷576："如是诸法虽如幻化，而有情类愚痴不了，非有谓有、无常计常，于诸法中种种分别，或分别色或分别心，有为无为、有漏无漏如是等类种种分别，由此分别于诸法中，不如实知皆如幻化，由不知故生死轮回。"（T07，p. 975c）

观待他的固有本性，有些行文表述的“自性”是被名言（计执）限定的法自身、体性、本性。此论全篇着重论述无自性，否定他派建立的生灭去来等，罕有论述离言不可说法。在其八不缘起观中，法就犹如幻象、倒影等，存在模式就只是假托施设而自性空。[①]

实际上，中观思想是对般若经思想的一种解读，对龙树中观思想的解读也不止一种。于中，应该区分龙树（Nāgārjuna）、提婆（Āryadeva）等的根本中观思想和清辨（Bhāviveka）、月称（Candrakīrti）等的中观派思想；二者的显著差别是前者基于八不缘起宣说佛教宗义，后者明确基于二谛框架来成立外境有缘起及批判唯识无境缘起。前者并没有明确承许外境有及批判唯识无境，至少从这点来讲龙树思想与清辨、月称等思想是不同的。

中观思想不是对般若经思想的唯一解读，其他解读还有唯识思想、如来藏思想等。各方都认为自方如实理解般若经的真义，所以不能简单地在“中观”和“般若”两词之间画等号。比如，印度论著中若干题目包含“般若”一词的论著，乃至造论者（论著作者）本人自诩为“中观宗”，然而他可能是现代语境下的唯识宗论师。

“中观”这个词并非现代语境下的中观派（中观宗）的专有名词。“中观”本义大致是中道观，而中道是佛的重要教言，声闻部派和

① 《中论佛护释》“第18品”中，佛护有一个解释，大意是说：中观者否定彼等事物与某些外道（虚无论者）否定陈述是相同的［都说为“无”］，然而由于中观者懂得空义，那些外道并不懂空义只是虚称（妄语），所以还是有巨大差别。对此，用了明眼人和盲人有同样陈述而后者妄语等譬喻来说明。当然，中观论者强调自方表述为“无”是为了远离语言过失，而外道表述为“无”则是具有染污见的过失，双方的表述具有不同的“无”的味道，也就不接受“双方见解相同”的说法。汉译本有蒋杨仁钦（台湾：商周出版社，2019年）、叶少勇（上海：中西书局，2021年）。

大乘部派都有自宗的中道观，所以“中观”并不必然的与中观派（中观宗）联系在一起。唯识宗非常显著地使用三自性来宣说中道，具体见于《辩中边论》的阐述，因此唯识宗也可以称为“中观宗”。如果不刻意强调现代语境中的“中观”“唯识”的话，《三自性颂》（TSN）归入中观部或唯识部，都无不可。

佛陀言教（教典）是具量教文，其中宣说的三性与二谛思想完全类通，理应正确建立应断和应证，依之修证才能成就圣果，这就可以认为“弥勒无著说，龙树亦承许，用具教之量，而说此二谛”。[①]寂护（Śāntarakṣita）、宝藏寂（Ratnākaraśānti）等认为，既然龙树所著《六十如理颂》（*Yuktiṣaṣṭikā-kārikā*）提出了“宣说大种等，清净摄于识。由本知离彼，为何非邪计”？[②]大意是认知

① 宝藏寂（宝生寂）:《中观庄严释成立中观道论》，援引顾毳著《印度佛教后期“空有融合”思想佛论选译》，北京：宗教文化出版社，2020年，页257。此颂法光法师翻译为“慈氏无著所宣说，亦由龙树所承许。以具有具量教文，二谛此中作宣说”。

② 出自宝藏寂论师著《般若波罗蜜多优波提舍》（*Prajñāpāramitopadeśa*），藏译汉本有法光法师翻译（名为《般若波罗密口诀论》），此处对应汉文行文：“龙树亦亲云所谓‘诸事非有生，于何亦无遮。此识性唯一，能生及能灭。宣说大种等，清净摄于识。由本知离彼，为何非邪计？’而宣说此一切。”这句涉及两个颂，宝藏寂对后颂文的解释“诸凡宣说大种等，彼诸正摄于识者，包含于彼中。意即：虽无外在之大种，诸顽童生显现为彼之识。由极不错乱本知，隐没彼，故邪计者即谓由错乱分别，唯于前识计着故。”（法光法师译）宝藏寂论师另一处解释，见于其所著《中观庄严释中道成就论》（དབུ་མ་རྒྱན་གྱི་འགྲེལ་པ་དབུ་མའི་ལམ་གྲུབ་པ་ཞེས་བྱ་བ，*Madhyamakālaṅkāravṛtti-madhyamaprati-patsiddhi*）中对此解释：“大种等者，地等。婆伽梵所说彼等于识非清净遍分别显现者，含摄清净含摄。彼非清净体性，显现彼故也。彼故，由修持清净知之力而成之离系者，泯灭意即不显现也。何以故，所谓‘岂非颠倒计’者，于颠倒之显现者，非清净知也。此中，是地等含摄于识之词故，及于生起清净知遮返错乱之词故也。”（法光法师译）《中观庄严释中道成就论》没有梵文本，另一汉译本由顾毳翻译（取名为《中观庄严释成立中观道论》，作者名字选取“宝生寂”），收入顾毳著的《印度佛教后期“空有融合”思想佛论选译》（2020年）。

该颂是第34颂，可对照《六十颂如理论》卷1：“我如是所说，皆依佛言教，如其所宣扬，即蕴处界法，大种等及识，所说皆平等，彼智现证时，无妄无分别。”（T30,

到大种等被心识含摄，就能够远离对心识颠倒显现的遍计。这样就可以认为龙树承许唯识无境，该颂根本不可能解读为承许外境有。[①]由于心识属于依他起性，这个颂不难用三性来解释，所以可以认为龙树承许三自性。此外，宝藏寂认为龙树《中论颂》24.18揭示（蕴含）三自性思想，并且给出相关解读。这样宝藏寂认为"由彼故，诸瑜伽行者及中观者，宗义相同。"[②]当然，鉴于唯识宗典籍显著特点是明确承许三性中道，主张以三性各自的无自性（三无自性）宣说"诸法无自性"，龙树、提婆著作中的确没有这个显著特点，因此不能把龙树、提婆著作归入唯识典籍。另一方面，以

p. 255b）叶少勇译为："所宣说之大种等，唯容纳于识之中，知此［彼等］即消解，岂非虚妄所分别"（《六十颂如理论：梵藏汉和校·导读·译注》，上海：中西书局，2014年，页71），叶少勇教授在其著作中有对宝藏寂一部著作的用词简介。

① 宝藏寂提出的另一个依据见于其所著《中观庄严释中道成就论》："龙树亦如是云'此中何些许无生，灭亦些许非存在；生者以及灭诸等；仅仅唯是知性也。'也，所谓此中者，蕴及界等，意即定取之欲想也。所谓唯是知者，依他起之知也。"（法光法师译）。宝藏寂《般若波罗密口诀论》（*Prajñāpāramitopadeśa*）表述稍有差异"诸事非有生，于何非有灭，唯知此性者，生且是将灭。"或"诸事非有生，于何亦无遮。此识性唯一，能生及能灭。"（法光法师译）此颂与流行本的《六十如理颂》第21颂接近。应说此颂有不同的传本，具体可参阅叶少勇教授等的研究。笔者认为有理由认定，宝藏寂论师应该知道莲华戒论师认为此颂出自《入楞伽经》，然而宝藏寂论师仍然认为是龙树菩萨所说，原因就是宝藏寂论师所看到的《六十如理颂》的梵本有此颂，或者又经过他对不同版本的《六十如理颂》的智慧抉择，他才这样讲，否则他没有必要硬着说"龙树亦云"。宝藏寂论师认为龙树《中论颂》24.18揭示（蕴含）三自性思想，可参考罗鸿教授*Even Nāgārjuna Accepts*（2025）。

② 宝藏寂《般若波罗密口诀论》（*Prajñāpāramitopadeśa*）提及两派的区别是"由唯此分而是相异者，诸瑜伽行者，顽童所取诸法虚妄故非有。于因及果决定，及原始自性自了，远离错乱。故明显之身者，许唯谛实。诸中观者承许：于因及果显现之自性，即各别自证，非争议诸错乱相，正住去除之诸身法，亦极细微，不堪观择故，亦非有亦非无。"（法光法师译）需要注意宝藏寂《中观庄严释成就中观道论》明确主张龙树应该认同弥勒《辩中边颂》中阐述的三性中道。对于不赞同这个中道的自诩中观宗人士，宝藏寂不客气地评断为"非龙树弟子"，认定这些"非龙树弟子"承许的中观道是"相似中观"而不是真正的中观。

清辨、月称立场，他们显然不认为龙树会承许唯识无境及相关的三性中道，即使般若经中有提及三性，[①]也不会认为与唯识三性相同，也就是说他们认定“由彼故，诸瑜伽行者及中观者，宗义极不相同”。必然地，唯识宗内不乏瑜伽行者认为清辨、月称等“于龙树密意错缪”。[②]

空有诤论必然需要梳理般若类经典和唯识派经典，限于篇幅，这里略说：面对浩瀚的般若经和唯识经，笔者选择两把钥匙。第一把钥匙并不是“自性”，而是“假名”；对于理解般若经思想和唯识思想，“假名”比“自性”或“唯识”更有力，可以说弄清楚了般若经思想和唯识思想中的“假名”也就宏观把握了相关思想。另一把钥匙就是“如幻”，这也是打开“假名”这把锁的钥匙。由于“如幻”和“假名”与心识的必然关系，以及主题相关性，必然涉及“唯识”这个词，也就涉及“外境”这个词。

由于主题关系，笔者无意将过多行文放在空有之争上，概况介绍如上，对此主题有兴趣的读者可阅读拙著《唯识宗与应成派宗义抉择》等。关于《三自性颂》（TSN）作者探讨见于后文，此

---

① 比如色法上的依遍圆三性在般若经中依次称为“相即色（分别色）”“遍计色”“法性色”。无性《摄大乘论释》卷4提及：“如《大般若波罗蜜多经》中亦说：佛告慈氏：若于彼彼行相事中，遍计为色、为受、为想、为行、为识，乃至为一切佛法，依止名想施设言说，遍计以为诸色自性，乃至一切佛法自性是名遍计所执。色乃至遍计所执一切佛法，若复于彼行相事中，唯有分别法性安立，分别为缘起诸戏论，假立名想施设言说，谓之为色乃至谓为一切佛法，是名分别色，乃至分别一切佛法。若诸如来出现于世，若不出世，法性安立法界安立。由彼遍计所执色故，此分别色于常常时，于恒恒时，是真如性、无自性性、法无我性、实际之性，是名法性色。乃至由彼遍计所执一切佛法故，此分别一切佛法于常常时，于恒恒时，乃至是名法性一切佛法。”（T31，p. 399，b-c）

② 这是宝藏寂《中观庄严优波提舍（中观庄严口诀论）》中明确表明的立场，此论没有梵文本，由法光法师藏译汉，收入《唯识研究》（第九辑），北京：宗教文化出版社，2021年。

处主要提及作者思想和宗派态度背景。

二、本颂结构

《三自性颂》（TSN）共38颂，比较典型的科判划分见于姚治华教授汉译本，具体分为：一、三自性的定义（颂1–5），二、心识的结构（颂6），三、心的词源义（颂7），四、虚妄分别的三形态（颂8–9），五、三自性的矛盾特性（颂10），六、有与无（颂11–13），七、二分与一体（颂14–16），八、三自性间的等同（颂17–21），九、三自性间的差异（颂22–25），十、三自性的共同特征（颂26），十一、幻术喻（颂27–30），十二、遍知、断除、证得（颂31–34），十三、论证唯识（颂35–36），十四、法界、三身（颂37–38）。

笔者从内容上把这部论分成如下六部分：

1.颂1–5：三自性的定义

2.颂6–9：心识的模式

3.颂10–21：三自性的对立统一

  3.1 颂10：三自性的矛盾特性

  3.2 颂 11–13：三自性有无的统一性

  3.3 颂14–16：三自性“二”的统一性

  3.4 颂17–21：三自性的非异

4.颂22–26：分层次地介绍三性

5.颂27–34：三自性的幻术喻

6.颂35–38：唯识无境的修证次第

三、对三自性和唯识的基本说明

在佛教内部有一种共通的建立，就是遍知、永断、证得，差别只是对这三项的具体解说不同，对于某些是否应该破除或证得就有不同的意见，对烦恼障和所知障的建立也就不尽相同。此等建立固然不一定明确使用三自性的术语，当然完全可以直接结合三自性来建立。[①]

依他起性基于有为法依因及缘而得以有其体性显现，这样依于“他”获得了体性，“说为从诸因缘所生，所以有为法就是依他起性”。[②]这意味着依自起性不成立，于缘起中否定体性本有（固有、自有）或有为法独立自存等，依他起性确立有为法依因仗缘的存在方式，而二障又影响了认知及显现。《三自性颂》中的依他起性偏于杂染，也就是有为法的显现受到了遍计所执言说习气影响，导致所谓x只是似x显现，这就容易理解有为法为何如幻。

我们知道对事物的认知往往是先有名（施设名），才有想（分别）去构想那些事物的像（相），[③]依于眼耳意等觉受生起言说来表

---

① 第三法轮中佛面向一切乘宣说，《解深密经》卷2：“世尊！于今第三时中，普为发趣一切乘者，依一切法皆无自性、无生、无灭、本来寂静、自性涅槃、无自性性，以显了相转正法轮。第一甚奇、最为希有。于今世尊所转法轮无上无容，是真了义，非诸诤论安足处所。”（T16，p. 697b4–9）遍依圆三性和知断证结合起来，也成为一种共通的建立，差别只是对这三项的具体解说不同，比如是否与唯识无境自洽。《解深密经》等支持与唯识无境自洽，清辨、月称等支持与外境有自洽。相应地也就导致遍知、永断和证得的内容不同，也就是对于某些是否应该破除有不同的意见，对烦恼障和所知障的建立也就不尽相同。

② 释则生：《唯识宗与应成派宗义抉择》，台北：新文丰出版公司，2021年，页399。

③ 《大乘阿毗达磨杂集论》卷1：“问：想蕴何相？答：构了相是想相。由此想

述事物，从而又去施设名。对此，《瑜伽师地论》卷5描述为：“施设名为先故想转，想为先故语转，由语故随见闻觉知起诸言说。”（T30，p. 301b）[①]简单说，认为“法”是什么，就是把“法”施设为什么，就有对此法的想，围绕着［所施设］的“法”产生了的关于此“法”的观念和表述。这样看来，“遍计所执性（言说自性）是心识依名言（假言、言说）安立（建立），彼是依据名言（假言、言说）的力量构建，是为‘随言说依假名言建立自性’，仅仅是由名言（假言、言说）的力量而有”。[②]

假立（施设）名言的根本原因是遍计所执言说习气，这种习气现行导致了假立（施设）名言的行为。由于依他起性名言习气和遍计所执名言习气一起生起现行，导致心与境如幻显现以及成立假立（施设）名言的模式。“假名安立为相”指出遍计所执性所显现的体性是以名及言的建构，并不是以法本身的真实体性而安住。[③]如果其体是唯名言施设，其相也会是唯名言施设。这样，遍计所执性显现的样子并不是在法体性上真实具有的样子，只是现

故构画种种诸法像类，随所见闻觉知之义起诸言说。见闻觉知义者，眼所受是见义、耳所受是闻义。自然思构应如是如是是觉义。自内所受是知义。诸言说者，谓诠辩义。”（T31，p. 695c）

① 《瑜伽师地论》卷2：“云何四种言说？谓依见闻觉知所有言说。依见言说者谓依眼故现见外色，由此因缘为他宣说，是名依见言说。依闻言说者，谓从他闻，由此因缘为他宣说，是名依闻言说。依觉言说者，谓不见不闻，但自思惟称量观察，由此因缘为他宣说，是名依觉言说。依知言说者，谓各别于内所受所证所触所得，由此因缘为他宣说，是名依知言说。”（T30，p. 289b）

② 释则生：《唯识宗与应成派宗义抉择》，页348。

③ 玄奘法师梵译汉：何以故？此由假名安立为相，非由自相安立为相，是故说名相无自性性。

藏文：དེ་ཅིའི་ཕྱིར་ཞེ་ན། འདི་ལྟར་དེ་ནི་མིང་དང་བརྡར་རྣམ་པར་གཞག་པའི་མཚན་ཉིད་ཡིན་གྱི་རང་གི་མཚན་ཉིད་ཀྱིས་རྣམ་པར་གནས་པ་ནི་མ་ཡིན་པས་དེའི་ཕྱིར་དེ་ནི་མཚན་ཉིད་ངོ་བོ་ཉིད་མེད་པ་ཉིད་ཅེས་བྱའོ།

法光法师藏译汉：由名言安立的相，而非以自之相而安住，彼故名为相无体性性。

似为唯名言施设出的体性所具有的样子。简言之，假名安立（建立、施设）的事物是遍计所执性，遍计所执性纯是观念中的事物。遍计所执性的构建模式突出表现为名言与意指对象的一致性（同一性），这注定分别心无法超越言说系统，对世界的认知被见闻觉知四种言说戏论限制住。

《唯识三十颂》开篇宣说依据识转变中的种种相假说种种有情和法，这个“假说”也就是使用名称去譬喻的意思，比如使用“牛”假说（比喻）愚笨且固执的人。[①]所谓施设终究是由心识来实现，众生使用各种名言究竟在假说（比喻）什么？这个问题等价于，假名施设是否有施设处（施设的基础）？在唯识思想中，无论如何去宣说假施设、假名，也承许假必依实，根本原因不仅仅是唯识学承许离言自性，更重要的是要依托相进行施设。前文提及人们根据心识显现的影像（相），形成了对事物的观念，声音和文字能够表义的核心基础是这种影像（相），假名的力量通过这种影像

① “假说”出自第一颂中的“*ātmadharmopacāro*”，原形是“*upacāra*”，我的假说（假说的我）和法的假说（假说的法）分别是 *ātma-upacāra* 和 *dhmarma-upacāra*。“*upacāra*”是很复杂的概念，意思很多，理解此处这个词当然需要结合瑜伽行派典籍语境。另外，也可以通过安慧、调伏天等对三十颂的注疏来把握，此处“*upacāra*”原意是暗喻（metaphor）。

（相）来实现。没有相就无法进行施设，这种相是施设的基础。[①]无论如何探究施设有设施的基础，如同A1依托A2施设，A2又依托A3施设，这样去寻找施设的基础，最后一定能找到这种相（影像），而不是根本找不到施设的基础。如果一直探究下去找不到施设的基础，就如同把物质持续进行细分一样，无限次细分之后只能成为无，只是在无上施设万法。另一方面，完全不依托相（影像），那么施设必然是没有认知论意义，施设也是不可能的。换言

Roy Tzohar, *Metaphor (Upacāra) in Early Yogācāra Thought And its Intellectual Contex*: What is most striking about this passage is the use of the term "the metaphors of self and things" *(ātmadharmopacāra)*, which appears also in the opening verse of Vasubandhu's *Triṃś*. In both cases the term describes the realm of metaphor as governing the entire range of subjective and objective phenomena alike. But why and in what sense are the self and things said here to constitute metaphors? The preceding verses seem to supply a possible explanation. There, the claim regarding the "non-arising of all things" is understood not as amounting to the total annihilation of all things but as indicating their existence as causally dependent mental appearances (10.705). Various examples, like that of a reflection, an image in *amirror*, an imaginary city, etc., then serve to explain the true ontological status of all things: though they *appear* as substantial objects, they are not so (10.708-9), but this does not imply a denial of their underlying causal reality, which induces their mental appearances (10.707, 10.710). In this limited causal sense alone they are therefore said to be "not non-arising." Within this scheme,one way to explain the sense in which the terms "self" and "things" are figurative is that,since their primary referents are unreal, they are applied only in a secondary sense. But what, then, is the denotation of these figures? No candidate seems to present itself other than the underlying causal reality that brings about (the appearances of) these unreal primary referents of words. Thus, in the *sūtra*'s terms, while the naïve take words to denote real and essentially independent entities (understood as their primary referents), in fact they stand for (in a secondary, indirect way)no more than the interdependent causal reality that serves as the basis for the appearances of these alleged real entities.(COLUMBIA UNIVERSITY, 2011，pp.205-206)

① 《瑜伽师地论》卷13："云何假施设？谓于唯法，假立补特伽罗；及于唯相，假立诸法。"（T30, p. 346a）

《成唯识论》卷1："识谓了别，此中识言亦摄心所，定相应故。变谓识体转似二分，相、见俱依自证起故。依斯二分施设我法，彼二离此无所依故。"（T31，p. 1a-b）

之，“假必依实”才使得施设成为可能。

需要注意“名言”这个词，“名言有二：一、表义名言，即能诠义音声差别；二、显境名言，即能了境心心所法。”（《成唯识论》卷8, T31，p. 43b）狭义的名言是指诠表含义的语言文字之类，广义的名言是指见闻觉知对境（义）的诠表。无论是否借助于语言和文字，凡夫的六识认知境（义）并不是亲证，在认知活动总是以影像诠表。有情第一次不以这种方式认知境，应该是在大乘见道位以根本智亲证圆成实性之际。

唯识典籍中对“圆成实性”的界定不尽相同，只能从具体语境判断具体所指。《三自性颂》中“圆成实性”是“无变异圆成实性”，也就是法无我（真如、空性），其是观择胜义的如所有智（根本智）的所行境（自境），是被执为真实存在之法我不存在所显的胜义无自性，是无戏论的实相，是非增益安立亦非损减安立的胜义离言自性。圆成实性作为依他起性的胜义属性（法性）而存在，依他起性作为这种胜义属性（法性）的持有者而存在，这就是“此中唯有空，于彼亦有此”。也正是因为此，空性本身就能证明有为法存在，否则根本谈不上诸法的空性而应该说驴角、马角、兔角等的空性。

三自性和唯识有必然的关系，二者主要关联是心识是依他起性，可以把依他起法分为根本识（第八识）、末那识（第七识）、趣入识（前六识）三类。在唯识体系中，第八识用于解释有情生命为什么亘古以来就是生命（不是无情）等问题，不使用第八识难以解释那些问题。第八识被设定携带前七识的种子，前七识是此等种子所生起的现行果法，这些现行法又熏生了新的种子，令第八识延续。每个有情都有八识，彼此互相影响，所以每个有情的八识系统不是封闭、孤立的系统。当然，第八识可以依据烦恼障和所知障种子的情况进行分类，建立阿赖耶识、异熟识、阿陀那识等。这部论涉及的第八识主要是阿赖耶识，也就是被第七识执为自我的异熟识。[①]至于前七识，本论没有细致去讲，此处从略。

唯识立场上，山石等物质的体性也是识，因为它们是显现为山石等行相的识，也就是识显现为山石等，可以称为“似色显现”。这样，心识本就是识，物质又是识，就不难理解“唯识”具有的“仅仅是识”“只是识”的含义。

我们知道一些动物在面对镜子中显现自身样子（影像）的时候，根本不知道或忽略镜子的影响，它们根据那些影像认为对应着活物，就认为真看到了一种动物，实际当然没有那样一种动物。我们照镜子的时候，虽然没有愚笨到认不出镜中只是影像的地步，然而我们在认知境的时候，往往也忽略心识的影响；通常认为境就真实存在于面前，有其自方的客观存在方式（条件），与心识没有关系。简单说，境在我们心识中显现为外境，看起来是真实存在，或者说境给我们的观感是外境且实有。

境定然是在认知活动中出现的，我们所看到的境的样子（行相）是心识呈现给自己的，这注定离开认知谈论境没有任何意义。可以结合现在或未来更先进的虚拟现实或增强现实技术成果来理解，我们感知到的一切都是影像，无疑这个影像是在认知活动中出现的，定然是心识呈现的。这可以说明，我们只是依据心识在

---

① 异熟识的成立很大一部分原因是解释果报（异熟），感果功能（业力，异熟习气）储藏在身体和前六识中都可以被排除，因为过去世的身体早已毁灭，前六识在死亡时也灭掉，导致丧失感果功能。过去业在今生或未来世感果的话，只有藏在恒常相续的能够容受习气的识体中。

认知活动中显现的影像去判定感知到的是什么，据此认定是什么样的境。这样不难理解：在不同的认知中，法的显现不同，观感也不同。必然地，心识的情况决定了境的显现方式，境的显现受到心识（认知活动）的影响。

归根结底，认知是由心识进行，心识通过显现出境的样子（行相）的方式来进行认知，心识自身情况当然决定境如何显现，这也决定境就是心识显现，体性上其实就是心识。当心识由低劣变成高级，低劣心识显现的境也就不存在，高级心识不显现那类境，比如计算机系统升级删除了原系统的数据，原系统就不再出现。

唯识理论主张我们的心识都是有缺陷的，原因是有情具有烦恼障和所知障，这导致我们显现的境有诸多问题，唯识修证的目的简单说是解决这些问题。这里举例说明：某个色盲所见的颜色是色盲的眼识（视觉）呈现给色盲个人的，这种颜色不会被明眼人的眼识所呈现。只有解决色盲眼识问题，色盲才不会错误显现眼色。类似的例子有飞蚊症患者所见的飞蚊只是他们眼识呈现的影像，是内境而不是外境。如果那些飞蚊是外境，应该所有人都能见到。当然，如果所有人都有飞蚊症，都会见到飞蚊影像，然而它们是各自眼识呈现的内境，由此所生的各自颠倒执著是类似的。由于我们有共通的烦恼障和所知障，导致我们在见闻觉知上有共同的限制，认知活动中有相似的颠倒或错误，我们就被困在这样的境地，自以为是地活着。对此可以结合柏拉图的洞穴寓言来理解，被锁住的人们只有脱离洞穴限制才可能真正认识到此前居于洞穴中所持认知的颠倒与谬误。

唯识思想映射到三性理论中，大抵如此：依他起性的显现受到遍计所执言说习气的影响，导致显现了遍计所执影像；遍计所执影像在心识内出现，依他起性的显现中就带有遍计所执性，简单说依他起性显现为遍计所执性，如同绳蛇喻中绳显现为蛇［绳看起来（感觉）是蛇］，这就造成依他起性实际上并不以其显现的形态而存在，这妨碍对依他起性和圆成实性如实认知，从而真实情况无法显现，换言之颠倒或错误的样子（行相）掩盖了真实；这种影像（行相）给我们观感却是很真实，我们往往认为真的有什么法（境）具有这种样子（行相），也认为真的有一个主客二元分离模式的认知主体，也就是执著二取（能取和所取）遍计所执性真实存在，这就是烦恼障和所知障的表现。通过对三性的观修，完全断除遍计所执言说习气，也就是断除二障种子，心识转变成最极清净及缘境最极广大的识体，简称“转识成智”。当获得大圆镜智等四智及清净法界五者，五蕴就不是二障的所依，转为另外的所依，这种完全转依意味着获得一切行相的智慧，无颠倒的通达一切法，也就说为“佛陀”。成为那样的无上觉者，需要尽其所有的艰苦行、尽其所有的善法资粮、尽其所有的断除二障，需要无有比测的时间，其起点是生起较为稳固的菩提心进入资粮位。①闻思是资粮位重要修学内容，而三性思想是闻思的重要内容。

---

① 有关内容参照《大乘庄严经论》安慧释和无性释。大乘各宗派都认为成佛需要修行六度或十度，具体解说乃至对佛的看法不同，比如清辨、月称等认为佛没有第八识（大圆镜智相应净识）。这涉及如何依了义不依不了义的问题，也就是各宗派如何判定不了义的问题。这导致破执及得果不同。证悟人无我需要否定人我，如果对“人我”的界定不同，对“人无我”的界定也就不同；对于要破除的“法我”如果界定不同，“法无我”内涵也就不同。需要破除的“自性”是被缘起否定的体性，缘起观不同（比如是否认同唯识无境缘起）造成“自性”及“无自性”不同。简言之，大乘各宗派并不是一个宗派，在见和修上观点不同很正常。

第一章 译本情况

没有证据表明真谛三藏（499－569）和玄奘三藏（602－664）关注过《三自性颂》（TSN），[①]传统的汉语藏经中找不到此论的译著，这样可以怀疑古来汉传佛教历史上并没有翻译此论。在十一世纪顷，此论的藏译本才出现。长期以来，在汉藏两系《三自性颂》并未引起重视，或许是因为长期有很多人不知道这部论。当然，纵然知道也未必学习，因为对此论可能并无兴趣。

到20世纪，先是发现梵文本，后时从藏文藏经中发掘出来藏本。根据 *THE TRISVABHĀVAKĀRIKĀ OF VASUBANDHU*（1983）等文的介绍，莱维（Sylvain Lévi）于1928年在尼泊尔发现《三自性颂》梵文本，这部论形式上是偈颂，他认为作者是世亲。山口益（Susumu Yamaguchi）应莱维的要求，于1931年出版了《世亲造三性论之梵、藏本及其注释的研究》，收入了梵文本和一个藏译本（包含日译）。藏译本有两个，德格版大藏经中观部NO.3843，《入三自性成就》（རང་བཞིན་གསུམ་ལ་འཇུག་པའི་སྒྲུབ་པ།），题为龙树（ཀླུ་སྒྲུབ）造；德格版大藏经唯识部NO.4058，《三自性说示》（རང་བཞིན་གསུམ་ངེས་པར་བསྟན་པ།），题为世亲（དབྱིག་གཉེན）造。[②]山口益《世亲造三性论之

---

① 此前这句表述有歧义，金陵刻经处的老师指出，近些年《大藏经补编》《佛光大藏经·唯识藏》有收入《三自性颂》刘译和金译等汉译本。针对此，对此句做出文句上修改。

② Matthew T. Kapstein 对两个藏译本翻译情况简介：As La Vallée Poussin

梵、藏本及其注释的研究》收入的是NO.4058。1933年，蒲仙（De La Vallée Poussin）在山口益版本的基础上出版了梵文本，含两个藏译本及法译，而寺本婉雅（Teramoto Enga）依据藏译本翻了一个日译本（《西藏传世亲造三自性决释论》）。另一个方向上，图奇（Giuseppe Tucci）在尼泊尔得到梵文本，然后誊写一份给沙司铎氏（Vidhushekhara Bhattacharya），沙司铎氏将这份抄本交给穆阔（Sujitkumar Mukhopadhyaya）。穆阔1939年出版了一本专著，含梵文本、两个藏译本与从一些唯识论著摘引的平行段落等及英译。此论的英译本有Fernando Tola and Carmen Dragonetti（1983），Stefn Anacker（1984），Jay L. Garfield（2002）等，法译本有Sylvain Lévi（1930）、Åke Boquist（1993）等。

最早的汉译本出现在1948年，金克木由梵译汉。后来，刘孝兰（1949）、杨白衣（1978）、韩镜清（1982）、谈锡永（2003）等又有翻译。概括说，有梵译汉，藏译汉，日译汉。20世纪，国内

---

and Mukhopadhyaya both noted, one of the two Tibetan translations, by the well-known eleventh-century Tibetan translator 'Gos Khug-pa Lhas-btsas working in collaboration with the paṇḍita Śāntibhadra, also attributes the text to Vasubandhu. The second Tibetan translation was the work of a Kashmiri scholar named Candrakīrti (Tib. Zla-ba-grags-pa), who was also the author of a short Mādhyamika tract preserved in the Tanjur, the **Madhyamakaprajñāvatāra*,that, interestingly, he translated in collaboration with the same 'Gos Khug-pa Lhas-btsas just mentioned. His rendition of the TSN, however, gives the title of the workas **Trisvabhāvapraveśasiddhi* (Tib. *rang bzhin gsum la 'ug pa sgrub pa*), the "Attainment of Penetration of the Three Natures",and names the author of the text as Nāgārjuna. Besides this, it differs from the first version primarily by the interpolation of two verses, as well as in points of syntactic detail.(*Who Wrote the Trisvabhāvanirdeśa? Reflections on an Enigmatic Text and Its Place in the History of Buddhist Philosophy*)Indian Philos（2018）46,p.3.此中，世亲藏本的翻译者Gos Khug–pa Lhas–btsas（འགོས་ཁུག་པ་ལྷས་བཙས），顾毳老师音译为"郭·昆巴哈则"，有的资料采用音译和意译结合的方式翻译为"廓枯巴天生"或"廓枯巴天护"。这个译本合作方是班智达 Śāntibhadra。龙树藏本的翻译者Zla-ba-grags-pa（ཟླ་བ་གྲགས་པ）是克什米尔（迦湿弥罗）僧人学者（班智达），不是应成派月称论师。。

外已经有对于《三自性颂》的研究，相对而言国内的研究较少。笔者没有理由去质疑汉译本的翻译质量，希望在参考多个汉译本的情况下能较好地把握《三自性颂》。然而六个汉译本（金译、刘译、杨译、韩译、印译、谈译），于不同之处及难解之处，对照读起来很吃力，需要抉择。笔者在教学中讲此论，发现：几个汉译本的若干偈颂意思相近或一致意思，理解起来容易些，否则就需要权衡，选定一个表述来讲，然而有时根本无法确定意思。这样萌生一个想法：很有必要重新翻译！吕新国老师2015年、2016年讲过这部论，笔者不能完全认同他的讲法，当然不认同的地方并不多，写了些意见供他参考，后续我们也有探讨。究其原因，笔者觉得最大的问题出在译本上。译本是基础，如果译本统一，大家就一个译本探讨文义，问题能够大为简化。

2021年6月中旬，笔者劝请香港中文大学姚治华教授重新翻译。笔者曾担忧姚教授不愿意翻译，毕竟这部论国际研究资料多，汉译本也不少。笔者希望有高质量的现代汉语并不仅仅是出于学术上的考量，而且是从唯识教法弘传的考量，一个好的汉译本对于汉传唯识的学修大有裨益。幸运的是姚教授权衡后认为现有的汉译本存在些问题，他认为确有必要重译。

一个月后，姚教授通知我，完成了初稿及梵藏对勘，放到一个网站上开始征求意见。本着精益求精的精神，笔者也帮着发到几个微信群，并特别发给若干学者征求意见。笔者个人觉得姚教授的汉译本相当不错，若干难以确定意思的地方被明确了。总之，现在有了姚教授现代汉语译本，学习这部论就方便很多。笔者个人认为，学习最重要的理应是智慧，需要重视对文本的解读和体悟。就佛法闻思而言，不但要懂语言，更要懂佛教思想，这样才能看懂这种语言书写的佛教文献。否则，就好像古汉语专家未必能看懂汉语佛经一样，梵语专家也未必能看懂梵语佛经，藏语专家也未必能看懂藏语佛经。

对研习者来说，多掌握一种语言，对于文本的解读会更准确。举例来说，如果能够看懂梵语文献，比如弄清楚"缘起""假名""唯识"这些词的文法原理等，就可加深对相关问题的理解。一个词尚且有很大帮助，更不要说一个句子。所以，理想的情况是能够阅读汉文本、藏语本、梵文本。由于是唯识学范畴，不掌握巴利语，不参考南传佛教典籍，没有多大妨碍。当然，梵本和藏汉译本都有是较为理想的情况，然而有些文献只有梵本或藏译本，有些只有汉译本。考虑到唯识典籍的数量和规模等，我们甚至可以把梵文本排在汉藏译本之后，除非是没有汉藏译本。

一般来讲，由于藏语的特色，藏译本的参考价值不低于汉译本。这并不表示藏译本的翻译质量就一定好于汉译本，比如汉译本《瑜伽师地论》的质量就很高。有时候梵文本的行文意思不清楚，就要看汉译本来确定。就翻译来说，对《瑜伽师地论》的理解，显然会影响翻译。我们知道三藏法师玄奘在印度听戒贤论师讲过三遍《瑜伽师地论》，而藏译本的翻译者跟谁学过《瑜伽师地论》，又学到什么程度，不得而知。其实，还有一种情况：对于一些句子，看汉译本不能确定意思，看藏译本也不能确定意思，看梵文本也不能确定意思。从法义（思想）的把握角度来看，这些情况可以说明梵藏本的参考价值不一定比汉译本高。

三藏典籍的出现，就是因为佛和圣弟子们首先想让众生听懂或看懂，理解什么意思，然后才有可能获得证悟。如果真的不懂其义，我们只能说自己水平差。如果是研究汉传唯识，则不懂日语、英语等没有多大问题，当年窥基法师就没有参考日英等文献。当然，这是有历史原因的，而近现代也有人吐槽窥基法师乃至玄奘法师的梵语水平。整体来说，对于梵译本的日语文献等其他语种的资料，最好也要参考。此处是强调，如果智慧比较高，只学习原典就可以了；如果智慧没有这样高，鉴于兼听则明，应该参考不同语种资料。①

笔者主要参考汉文、英文文献，语言能力限制未参考梵文、藏文、日文等资料。补偿的方法自己多下功夫审慎思维法义以及请教他人。笔者认为写作是很好的学习方式，撰写本书主要是为了更好地学习《三自性颂》，基于笔者理解的无相唯识（包含无相唯识和有相唯识共通的内容）。笔者曾撰写《〈三自性颂〉的三性思想》一文参加2022年东方唯识学专业委员会年会（该文被收入《唯识研究》第11辑），由于篇幅限制，有些地方无法详述。这样，决定写本书细讲。尽管本书经过反复修订，但笔者相信仍存在不足。谨以此书作为交流思想的起点，愿为诸位学习或研究提供些许启发！

① 笔者想到某位专家曾说过，掌握一种语言，这个语言的所有的数据都可以为己所用，这是非常必要的学习。至于质疑窥基法师的梵语水平和玄奘法师的翻译，笔者的态度是尊重人们表达主张的权利和自由，质疑方可以提供自己的翻译，由同行评议；对于这个问题，业余人士和外行最好不发表意见，因为没有能力去探讨究竟该怎么翻译。说回学习汉传唯识，这里举护法论师《大乘广百论释论》的例子说明一种情况。这部论有汉语译本，所涉及的《四百论》（*Catuḥśataka*）偈颂虽有梵藏本，但护法论师对这些颂文的长行解释没有梵藏本，而这部论绝大多数行文就是长行解释。2022年5月，笔者和隆藏法师倡议组织《大乘广百论释论》读书会，有法师和学者参与，每周一次，我们对这部论用现代汉语一句句解释。参与者的母语都是汉语，对于这部论的一些行文意思乃至句读都有不同意见，甚至根本不知道或不确定究竟在讲什么，可以说懂梵语和藏语对此没有帮助。参与者也有人懂梵语或者藏语，通过推测汉语的梵语原词是一种研究方法，能够提供参考理解，然而根本无法保证推测的准确性，实际上使用的次数很少，也舍弃了这种方法。鉴于此，笔者很难不质疑母语不是汉语的人士对《大乘广百论释论》的日英翻译。

第二章　作者及主要思想

一、作者问题

《三自性颂》的作者是龙树菩萨还是世亲菩萨？有的学者认为绝对不会是龙树，主要理由是“Since it develops a doctrine which is neither his nor of his school.”①

笔者认为这句话是基于对龙树菩萨的既定看法而说的，这个既定看法是龙树著作侧重于宣说无自性，然而既定看法有时候并不可靠，龙树菩萨除了《中观论颂》等典型论述无自性思想的著作，就没有其他著作吗？当然有，比如《亲友书》(《龙树菩萨劝诫王颂》)，就不是主要讲无自性。那么，按照该理由，大也可否定《亲友书》等著作属于龙树。

宝藏寂所著《中观庄严释成就中道论》（*Madhyamakālaṅkāravṛttimadhyamapratipatsiddhi*）等认为龙树菩萨应该承许围绕唯识无境用三自性解说诸法。②清辨、月称等批判唯识三自性，对三自性另

---

① Fernando Tola and Carmen Dragonetti:*The Trisvabhāvakārikā of Vasubandhu*, Journal of Indian Philosophy, Vol. 11, No. 3（SEPTEMBER 1983），p. 227.

顾毳老师汉译：因为其（《三自性颂》）所发展的学说既不属于他（龙树），也不属于他的学派（中观学派）。

② 《中观庄严释成立中观道论》：“弥勒无著说，龙树亦承许，用具教之量，而说此二谛。……世尊弥勒所说而为善说，圣者无著和圣者龙树所说又如何呢？因所说教

有解释［与唯识宗不同］，可以说承许三自性，那么“《三自性颂》所发展的三性学说不属于龙树，也不属于他的学派”之类的说法就可以商榷。笔者无意硬说龙树菩萨是《三自性颂》的作者，而想说“《三自性颂》作者断然不是龙树”不能绝对成立，毕竟一个藏本把作者写成龙树，也可于此论思想上探究。

我们无法找到确切的资料，证明龙树时代并没有《解深密经》等第三法轮（第三时教）经典流传，[①]这是说无法证明龙树没有接触到《解深密经》等第三法轮（第三时教）经典。那么，他创作《三自性颂》是可能的。或说，龙树有意创作与《中论颂》有所不同的著作是可能的，他完全可以不提及“三无性”乃至“中道”这个词，去写一部关于三自性的著作。类似地，世亲完全可以不提及三无性词汇乃至“中道”这个词创作《三自性颂》，毕竟不少印度论师的著作并不单一。这样，并没有十足理由从三自性思想特质消除归属于龙树的可能。

有一种思路可以否定《三自性颂》的作者是龙树和世亲：如果是龙树或世亲的话，清辨、护法等应该引用，然而没有见其著作引用。这个理由较为有力，但是我们不能排除某位论师的某部

言不断开演故，因所说承许开示某些方面故，彼（无著、龙树）所大致共许所说二自性。”（顾毳：《印度佛教后期“空有融合思想”佛论选译》，页257–258）

① 此处“第三法轮”沿用《解深密经》分类：“世尊初于一时，在婆罗痆斯仙人堕处，施鹿林中，惟为发趣声闻乘者，以四谛相转正法轮。虽是甚奇、甚为稀有，一切世间诸天、人等，先无有能如法转者，而于彼时所转法轮，有上、有容，是未了义，是诸诤论安足处所。世尊在昔第二时中，惟为发趣修大乘者，依一切法皆无自性、无生、无灭、本来寂静、自性涅槃，以隐密相转正法轮。虽更甚奇、甚为稀有，而于彼时所转法轮，亦是有上、有所容受，犹未了义，是诸诤论安足处所。世尊于今第三时中，普为发趣一切乘者，依一切法皆无自性、无生、无灭、本来寂静、自性涅槃、无自性性，以显了相转正法轮，第一甚奇，最为稀有。于今世尊所转法轮无上、无容，是真了义，非诸诤论安足处所。”（T16, p. 697a–b）

著作不会被引用的可能，或者有著作引用《三自性颂》却未存世，甚或某位印度论师对《三自性颂》作了注疏但未流传。

至于玄奘从没有关注（其实应说“提及”）《三自性颂》，也不能否定说世亲没有写过《三自性颂》，因为比如玄奘没有关注（提及）安慧《辩中边论释疏》（*Madhyāntavibhāgaṭīkā*），不能否认说这份《辩中边论》的注疏作者不是安慧。

凯普斯坦教授《何人创作了〈三自性颂〉》一文提出了对《三自性颂》作者是世亲论师的观点表达了质疑。① 其主要理由是从语言学和语义学认定《三自性颂》中“*khyā*”用法与若干重要唯识典籍不一致（理由1），根据颂35认定作者提倡不费吹灰之力就能获得解脱（速疾成佛），不符合瑜伽行派一贯的渐修立场（理由2），也提及《三自性颂》对无自性的沉默（没有提供明确说明）令人费解。由于笔者梵语能力限制，无力分析凯普斯坦教授在理由1中对相关语句的解读。对于理由2，凯普斯坦教授明显是误读，颂35阐述如何悟入唯识无境，对应的部分是在讲“应离功用无颠倒智”，大意是：如果境实有，执彼为实有的心识就不颠倒（不是分别执著），那么有情无需努力自然解脱。颂31指出对遍计所执性的遍知，对依他起性的断除，对圆成实性的证得三者同时，主要是在讲见道位的情况，这是三性内在关联决定的，此颂并不支持无需努力就得到解脱。

依据真正的存在方式和显现方式，否定并不具有的体性（自性）显示三性真实情况，三无性主要是说明无掉什么体性也就是

---

① Matthew T. Kapstein, *Who Wrote the Trisvabhāvanirdeśa? Reflections on an Enigmatic Text and Its Place in the History of Buddhist Philosophy*, Indian Philos（2018）46:1 - 30.

确立如何无自性。《三自性颂》并没有提及“相无自性”“生无自性”“胜义无自性”等三无性词汇，其对无自性的解读并没有严格按照三性各自的无自性的固定套路，然而也不能说其对无自性沉默，因为我们可以根据其在三自性有无的统一性（颂11至13）部分描述确立三性各自所无的体性（自性）。具体说来：遍计所执性所无的自性是其自身被遍计或概念化的体性（颂11说为“完全不存在”），依他起性所无的自性是其显现的与实际情况不一致的体性（颂12说为“其所显现的形态却不存在”），圆成实性所无的自性是二取体性（颂13说为“二分的不存在”）。据此可以认为，《三自性颂》论述了“无自性”。这样，就不能用此论对“无自性”沉默或没有论述来否定作者是世亲。

在《三自性颂》作者问题上，无论作者是龙树菩萨还是世亲菩萨，并不影响这部论的价值。毕竟，“依法不依人”是应该奉行的原则。法的价值应该从法本身去判断，不是从说法的人去判断。佛也说过不了义的法，我们显然不能据此认定宣示了义法的论师比佛更有智慧，也不能认定论师宣示的了义法价值不大。这样，我们应该从《三自性颂》本身来判断这部论的价值。

二、从三性思想审视唯识无境

按照藏经一般分类标准，《三自性颂》划归唯识部，[①]因为宣说了八识、唯识、三性等唯识思想。鉴于种现熏生的识转变理论以及唯识无境思想等都依三自性建立，笔者认为可以从这些方面定

---

① 或许需要说明：“部”是佛典在藏经中一种分类方式，比如“唯识部”“中观部”等。在宗派思想上，“唯识部”典籍很自然地归属于唯识宗。

义唯识宗：承许三时法轮中只有第三法轮了义，以三自性无自性（三无自性）宣说佛教宗义者（宗派）是唯识宗。[①]就诠释学来说，唯识宗认为阿含经等第一时教（初法轮）及般若经等第二时教（中法轮）经典不了义，也就是说前二法轮经文有文字背后的密意，按照字面意思理解无法把握真义，需要别引其他道理对经文进行进一步解释。第一时教（初法轮）字面上宣说有色等处，容易被理解为外境有及自性有，佛依似色等显现的识宣说色等处，应该以三自性理解"自性"。第二时教（中法轮）字面上宣说诸法但有假名，"若无自性就无所有"，此种无所有性确立诸法的存在方式是"以无所有如是而有"，这样笼统地宣说诸法无自性（空），不能按照字面意思理解，应以三无性理解"无自性"。[②]

由于法的存在方式和显现方式不同，所应遮破的体性（自性）就有不同，也就是体性（自性）及无自性（无体性）的原因和方式必然不同，注定不可能以同一个方式（模式）有自性（有体性）或无自性（无体性）。唯识宗既讲有自性（三自性），也讲无自性（三无性），如实揭示了法的存在方式和显现方式，善巧成立有及无。**"若诸菩萨，远离增益、损减二边行于中道，是名为慧；由此慧故……如实了知有自性义，谓遍计所执、若依他起、若圆成实三种自性；如实了知无自性义，谓相、生、胜义三种无自性性。"**（《解深密经》卷4，T16，p. 706c）通过三性及各自的无自性，能够如实认知有及无，从而明了显示不同法的无自性（空）原因和方式，正确地远离有边（增益边）及无边（损减边）。正是因为此，

① 探讨见于拙文《唯识宗的定义——兼论宝藏寂论师所属的派别》（《法相学会集刊》第八辑）或拙著《唯识宗与应成派宗义抉择》（新文丰，2011年）。

② 参拙著《唯识宗与应成派宗义抉择》第四章。

《瑜伽师地论》卷74主张："由此三种自性，一切不了义经诸隐密义皆应决了。谓诸如来秘密语言及诸菩萨随无量教秘密语言所有要义，皆由如是三种自性应随决了。"（T30，p.705a）简言之，唯识宗认为，依于三自性能够把握《阿含经》中宣说五蕴、十二处、十八界等有自性的真实义，依于三自性各自的无自性（三无性）能够把握般若经中宣说五蕴、十二处、十八界等无自性的真实义。

唯识宗的缘起观和中道观等都架构在三性基础之上，一切法概况说来就是三性，对"唯识"的理解也需基于三性。唯识宗大体可分为有相唯识和无相唯识，这部论是专题论述无相唯识三性思想的重要论著，通过这部论的学习能够对无相唯识有简要的认识；简要并不意味着不深刻，而是篇幅限制导致论述的内容并不广泛，只是在根本问题上进行论述，其相关论述极为深刻。

关于三自性，《三自性颂》使用幻师喻说明：本然状况（本来面目）的木头譬喻圆成实性，遍计所执性就好比是不存在的大象，依他起性就好比是妄现的大象的样子（行相）。应该说这受到了《解深密经》和《大乘庄严经论》等影响，此处对此进行简要说明。《杂阿含》中已经使用幻师说明有为法"无坚实"，[①]表明佛教中有使用幻师喻的传统。这种传统到了唯识经典中，具有了和唯识无境及三自性结合起来的特色。《大乘庄严经论》以石木等显现为幻化的象、马等，譬喻依他起性是能所错乱根本，因为显现二取遍计所

---

① 《杂阿含经》卷10："譬如幻师、若幻师弟子，于四衢道头，幻作象兵、马兵、车兵、步兵，有智明目士夫谛观思惟分别；谛观思惟分别时，无所有、无牢、无实、无有坚固。所以者何？以彼幻无坚实故。如是，比丘！诸所有识，若过去、若未来、若现在，若内、若外，若粗、若细，若好、若丑，若远、若近。比丘！谛观思惟分别，谛观思惟分别时，无所有、无牢、无实、无有坚固，如病、如痈、如刺、如杀，无常、苦、空、非我。所以者何？以识无坚实故。"（T02，p. 69a）

执性的行相（影像）。依他起性错乱显现为犹如能取及犹如所取，唯以犹如幻化、阳焰等的方式为有。其上远离二取性是圆成实性，此性是胜义、离言说及无戏论。应该说，这种三性思想与《辩中边颂》等立场一致。在《解深密经》中，幻师喻主要说明对于那些与实际情况不相符合的显现，不能执著见闻觉知到的就是真实情况，必须审视观察是否“如其所见，如其所闻”。[①]在《密严经》[②]及《楞伽经》[③]中，幻师喻在经文表述上已经明确类比三性，这两部

---

① 《解深密经》卷1：“善男子！如善幻师或彼弟子，住四衢道，积集瓦、砾、草、叶、木等，现作种种幻化事业。所谓：象身、马身、车身、步身，末尼、真珠、琉璃、螺贝、璧玉、珊瑚，种种财、谷、库藏等身。若诸众生愚痴、顽钝、恶慧种类，无所晓知，于瓦、砾、草、叶、木等上诸幻化事，见已闻已，作如是念：‘此所见者，实有象身、实有马身、车身、步身，末尼、真珠、琉璃、螺贝、璧玉、珊瑚，种种财、谷、库藏等身。’如其所见，如其所闻，坚固执著，随起言说：‘唯此谛实，余皆愚妄。’彼于后时应更观察。若有众生非愚、非钝、善慧种类，有所晓知，于瓦、砾、草、叶、木等上诸幻化事，见已闻已，作如是念：‘此所见者，无实象身、无实马身、车身、步身，末尼、真珠、琉璃、螺贝、璧玉、珊瑚，种种财、谷、库藏等身；然有幻状迷惑眼事。于中发起大象身想，或大象身差别之想，乃至发起种种财、谷、库藏等想，或彼种类差别之想。’不如所见，不如所闻，坚固执著，随起言说：‘唯此谛实，余皆愚妄。’为欲表知如是义故，亦于此中随起言说。彼于后时不须观察。”（T16，p. 689a–b）这段经文中，幻师喻在意思上是能类比说明三性，然而终究没有明文写成三性的譬喻。

② 《大乘密严经》卷1：“识如幻事虚伪不实，譬如幻师若幻师弟子，以草木等物幻作于人及诸象、马种种形体具足庄严，愚幻贪求非明智者。识亦如是，依余而住而异分别，谓能所取二种而生，若自了知即皆转灭，是故无体同于幻事。”（T16，p. 724c）这段文中，“依余”中“余”是指“他”，也就是不是依自而起。“异分别”是指这种分别与实际情况不相符合，具体是能所相和所取相的出现，这二取相是二取遍计所执的显像。

③ 《大乘入楞伽经》卷2：“妄计自性执著缘起自性起。大慧！譬如幻师以幻术力，依草木瓦石幻作众生若干色像，令其见者种种分别，皆无真实。大慧！此亦如是，由取著境界习气力故，于缘起性中，有妄计性种种相现，是名妄计性生。”（T16，p. 596b）此中，“缘起自性”是依他起性，“妄计自性”是遍计所执性。

《楞伽阿跋多罗宝经》卷1：“计著缘起自性，生妄想自性相。大慧！如工幻师，依草木瓦石作种种幻，起一切众生若干形色，起种种妄想。彼诸妄想亦无真实。如是，

经的相关描述概括来说，主张：虚妄分别戏论习气的力量导致心识显现为能所二现（二取），依之执著有如现而有二取性（遍计所执性）。心识执著遍计所执性，一定带有遍计所执性的影像。执著是根据在心识中的显现，也就是对这种显像的观感来执著。这种执著方式，《楞伽经》有举例说明：幻师的咒术使得道具在观众眼中呈现出具足身体各部分的有情的样子，对于这种"成就一切众生形色身分之相"（称为"幻人像"），[①]观众依之执著以为是活人（"执著为人"）。[②]当然，如果眼中是金块的样子，就不会执著为活人，而是执著为黄金。

在理解三性的时候，可能有这样一个疑问：既然遍计所执性不存在，理应就没有任何显现（表现），这样来说凡圣都认知不到遍计所执性，不存在者不可能被认知到。如《成唯识论》卷8所说：

大慧！依缘起自性，起妄想自性。种种妄想心，种种想行事妄想相，计着习气妄想。大慧！是为妄想自性相生。"（T16，p. 486a） 此中，"缘起自性"是依他起性，"妄想自性"是遍计所执性。

① 《大乘入楞伽经》卷2："譬如幻师幻作一切种种形像，诸愚痴人取以为实，而彼诸像实不可得。复次，大慧！虚妄法体依因缘法，执著有实分别而生。大慧！如巧幻师依草木瓦石作种种事，依于咒术人工之力，成就一切众生形色身分之相，名'幻人像'；众生见幻种种形色，执著为人而实无人。大慧！众生虽见以为是人，无实人体。大慧！因缘法体随心分别亦复如是，以见心相种种幻故。何以故？以执著虚妄相因分别心熏习故。大慧！是名分别虚妄体相。"（T16，p. 525b）

② 《入楞伽经》卷2："复次，大慧！法佛报佛说一切法自相同相故；因自心现见薰习相故；因虚妄分别戏论相缚故；如所说法无如是体故。大慧！譬如幻师幻作一切种种形像，诸愚痴人取以为实，而彼诸像实不可得。复次，大慧！虚妄法体依因缘法，执著有实分别而生。大慧！如巧幻师依草木瓦石作种种事，依于咒术人工之力，成就一切众生形色身分之相名幻人像；众生见幻种种形色，执著为人而实无人。大慧！众生虽见以为是人，无实人体。大慧！因缘法体随心分别亦复如是，以见心相种种幻故。何以故？以执著虚妄相因分别心熏习故。大慧！是名分别虚妄体相。"（T16，p. 525b）其中"因缘法"是指有为法（依他起性），"因缘法体"是指有为法（依他起性）的体性。

"遍计所执都非智所行，以无自体，非所缘缘故。"（T31，p. 47c）又如《瑜伽师地论》卷74所说："问：'遍计所执自性何等智所行，为凡智耶，为圣智耶？'答：'都非智所行，以无相故。'"（T30，p. 705a）譬如，任谁也认知不到兔角，由于兔角不存在，导致兔角就没有任何显现（表现），根本谈不上兔角长什么样。那么，既然不能认知到兔角，何谈执著兔角？

对此可以这样思考：兔角虽没有体相，但可以臆想兔角，依着臆想的样子执著有那样的兔角。臆想的兔角并不是兔角，可表述为似兔角，意为相似于兔角。这样，臆想的样子说成是兔角或似兔角的样子都可以。类似地，通过乱识显现遍计所执性的行相（影像）或似遍计所执的行相（影像），遍计所执性或似遍计所执性就被表现出来，依着这表现执著有如此相貌的遍计所执性。对此，可参世亲《摄大乘论释》卷4："似义显现者，似所取义相貌显现，如实无我，似我显现。"（T31，p. 338b）"似义显现"标志着遍计所执性的相貌（影像）出现，也就意味着乱识"显现"遍计所执性，显现的自性虽不成就却好像是有。[①]唯识典籍为了突显执著，有些表述使用"得遍计所执性"。

执著必基于遍计所执的影像，执著遍计所执性必然通过遍计所执性的影像实现，具有观感中所浮现的那般体相的法当然不存在。基于此可以理解遍计所执是"愚夫执有，圣者达无，亦得说为凡圣智境。"（《成唯识论》卷8，T31，p. 47c）此中，执著有遍计所执性不意味着认知到遍计所执性，事实上可以从认知不到遍

---

① 无性：《摄大乘论释》卷4："'似义显现'者，谓实无体，但似其义相貌显现。若体实无，云何名'义'？为避此难，是故说言'似义显现'。谓由名言熏习种子，虽无实体而似有义相貌显现，是故名'义'，如幻像等似有显现。"（T31，p. 403b）

计所执性理解执著遍计所执性。认知不到遍计所执自性和执著遍计所执自性，二者都成立的原因确实是遍计所执自性是增益体性。

以“外境”来说，虽然心识显现的境都不在识外而有，但是并不妨碍心识把内境显现为“外境”，这样就有外境有的观感。“外境”属于遍计所执性，然而并非遍计所执性的所有内容，“唯识无境”不只是要破除外境。无论心还是境，只要是对遍计所执性的反映，就是“遍计所执的影像”或“似遍计所执的影像”，都应该断除。对此可以结合依他起性，这样表达：在能所认知模式中，只要有遍计所执的显像出现，这样的心识就应该断除。

实际情况中重点是无我之法显现为有我，也就是在观感中变成有我之法，而去执著人我法我。无论人们是否知道二我、三性等概念，认为事物就是感知到的那样，和所感知到的一模一样，就已经执著遍计所执性。由于心境之间又现有能所对立感，这样的能取所取模式中，根本没有只执著境（所取）不执著心（能取）的道理。从显像和观感上来说，能取和所取都被显现出不符合实际情况的状态，心的能取相在观感中与“如所显现的境”（所取性）类似，成为“如能认知的心识”（能取性），实际不存在却被增益为有，这样来说执著遍计所执性就等同于执著二取性。

《三自性颂》对三自性以无相唯识思想阐释，也就需要结合无相唯识理解《三自性颂》的三性思想。可能需要解释“无相唯识”，这里先解释“唯识”。从“无相”“唯识”顺序上，好像应该先解释“无相”，然而“唯识”更基本，如果不清楚“唯识”的意思，即使清楚“无相”的意思，对于“无相唯识”也模糊不清。

“*vijñāna-mātra*”“*vijñapti-mātra*”都被翻译成“唯识”，唯识学典籍中很多处行文使用*vijñapti-mātra*。“唯（*mātra*）”具有“小”“量

度”“所有”“只有”等含义，这个语境中取简持义，[①]也就是否定（“简”）非识的体性或识外，肯定（“持”）了识的体性或识内。由于进行全局限定，“唯”完全可以理解为“只有”“仅仅”等，相当于英语only。“唯识”一个英译就是Consciousness-only。总之，一切都是识的显现，都限定在识的范畴，在体（性）上就是识。“*vijñāna-mātra*”在思想上基础点就是境以识为体（性），强调法的体性都不异于识，这样就不可能离识而有。“*vijñapti-mātra*”强调识产生的认知又包含及受用认知内容，万法都不超乎于此，这样就不可能离识而有。对于“*vijñāna-mātratā*”或“*vijñapti-mātratā*”，二词中尾缀“*tā*”就是强调万法的这种特性，在存有论立场，色等法体性都是识的体性，一切法都被识含摄，因此“不离识”。

《解深密经》中宣说识所缘取的就是识所显现的，这是认知论基本原则。[②]容易证明心识实际认知的是其所带的相，回忆昨天见到的任一事物，心中浮现该事物的样子，反思此相的源头，不难推知昨天见到该事物的当下，实际是认知心中所现的相（影像），却是误认为见到了事物本身。心识所带的相，自然是心识所呈现出来的，简单说还是识。类推可知，这种唯识的道理普遍适用于眼耳等认知方式。

---

① 《大乘法苑义林章》卷1："第二，辨名者……梵云‘摩呾剌多’，此翻为‘唯’。‘唯’有三义。一、简持义。简去遍计所执生法二我，持取依他、圆成识相识性。《成唯识》云：‘唯’言为遮离识我法，非不离识心、心所等。二、决定义。故旧《中边颂》云：此中定有空，于彼亦有此。谓俗事中定有真理，真理中定有俗事。识表之中此二决定，显无二取。三、显胜义。瞿波论师《二十唯识释》云：此说‘唯识’但举主胜，理兼心所；如言‘王来’，非无臣佐。今此多取‘简持’解‘唯’。"（T45，p. 260a）

② 《解深密经》卷3："何以故？由彼影像唯是识故。善男子！我说识所缘，唯识所现故。"（T16，p. 698b）

我们的认知受制于心识，见闻觉知的一切都是心识呈现给自己的，不可能认知心识呈现的“义”以外的境。境不通过心识显现就不可能被认知，识所显现的境仍然属于识，识没有道理显现异于识的境，换言之所认知的一切都是“唯识”，此种认知模式以外的境（外境）要么不存在，要么是不可认知者。不可认知者在认知论上没有意义。由于不可认知，从而无法确定其任何情况，乃至其存在性也无以证明，完全可以认为其并不存在。既然境是识所现及所行，如果心识本身低劣或颠倒，就无法显现正确情况，那么这样的识及带有的相应该被否定，无相唯识秉持这个基本原则。

唯识无境的意思简单说境透由（通过）识成立，境不可能离开心识〔内的显现〕成立为境，从而无法自己成为明晰。唯识无境不许有离识的外境，因为境的体性就是识或说是识的体性，此即所谓境以识为体（性）。相反情况的境就是外境有，外境不以任何识为体，离识而有（于识外而有）。通常所说的“唯识无境”所否定的“境”就是外境，[①]当然这并不意味着根本智证空性时不泯灭能所二现。如果承许外境有，纵然宣说彼外境与识相互观待

---

① 遍计所执一切境相都是所遮的境，外境是对所遮境的典型描述。《成唯识论》卷7：“‘唯’言为遮离识实物，非不离识心所法等。”（T31，p. 38c）《唯识二十论》：“安立大乘三界唯识，以契经说‘三界唯心’，心、意、识、了，名之差别。此中说心，意兼心所，‘唯’遮外境，不遣相应，内识生时似外境现，如有眩瞖见发蝇等，此中都无少分实义”。（T31，p. 74b）唯识无境虽不否定心王和心所（“相应”），但对方所言的心识如果是不依靠唯识无境缘起而成立，也是否定的。认为识境二者异体而有，境的成立不依靠符顺唯识无境的识，这就是执著外境。境就像翳眼识所见发蝇等“都无少分实义”，不必然仅限于外境“都无少分实义”。关于境是否是心识的错乱显现，有相唯识和无相唯识的观点有异。有相唯识认为，性境等不是心识的错乱显现，彼的确有，不是无而现为有，所以“无境”就通常解释成无外境而非没有境。

而"不离识"，也不是唯识宗见。唯识宗否定那种不离识所彰显的识境关系。唯识宗承许识变现色等时，所变现者并不离识。这样，境相是自识变异显现，非别实有，此中识的作用殊胜，所以称"唯识"。由于境只是识的显现，没有其自身的独立实在性，所以说为"无境"。境的"唯识性"是以识为体，离识不可得，所以"不离识"。比如显示器上能够显示树木、石头等影像，理智上我们知道并不是真的有那样的树木、石头等在那里，看得入迷等情况下我们会认为真的有那样的树木、石头等。如同显示器上显示的画面不离开显示器而有，境也不离开心识而存在。

唯识无境所承认的存在方式，概括而言：境以体性不异于识的方式而存在，或者以与识同体的方式成立为有，简言之，即"境以识为体"（或"以识为性"）。唯识无境的对立面是外境有，外境有所承认的存在方式，概括而言：色等境以与任何识皆异体的方式存在，因彼等体性依异于识的缘起而有。从逻辑上看，只要境与某一识同体即可成立唯识无境；唯有当境与所有识皆异体时，才能成立外境有。

一些论师依据八识成立唯识无境，也有论师依据六识成立唯识无境。笔者认为依据八识来成立唯识无境更圆满，具有很强的解释力。唯识无境思想还有一组分类，就是有相唯识和无相唯识。无相唯识认为没有获得转依的心识，尤其分别心的显现全部都是颠倒或错误的，都带有遍计所执性的显像。有相唯识认为心识的显现不全部都是颠倒或错误的，有时候只显现依他起性的显像，有时候显现依遍二性的混杂显像。①

① 此中有凡夫能否见依他起性的问题，在这个问题上主要有两方观点。一方认为凡夫由于我法二执现行，见不到依他起性，其主要依据《唯识三十颂》"非不见此

三、有相唯识和无相唯识主要差异

在有相唯识和无相唯识理解上，或许需要先脱离使用三分说（或四分说）以及宗义书中的定义理解的套路，从见相二分或能所二现是否是依他起性上判摄有相唯识和无相唯识并不准确。我们可以使用这样的方法研究这个问题：从寂护对无相唯识的批判、宝藏寂对无相唯识的陈述以及智吉祥友（Jñānaśrīmitra）对无相唯识的批判等来理解。概括来说，是从心识在本质上有没有内容（相）来区分有相和无相；比如在对蓝色中觉知中蓝色是否存在这个问题上，认为存在的是有相一方，认为不存在是无相一方，也就是双方在通过离一多论证等能否证明蓝色虚伪及通过修道来断除上观点不同。另一种表述是：无相唯识认为有情心识显现的相就是对遍计所执的反映，其实是遍计所执的影像，即使这种显像归类为依他起性，也改变不了其显现虚妄的本质，因为心根本就没有显现真实，当然这并不包括根本智等特殊情况。这个问题必然涉及佛陀观，具体说佛陀的心智是否有内容（相）。①

彼”一颂，《成唯识论》解释为：“非不证见此圆成实而能见彼依他起性，未达遍计所执性空，不如实知依他有故。无分别智证真如已，后得智中方能了达依他起性如幻事等。虽无始来心心所法已能缘自相见分等，而我法执恒俱行故，不如实知众缘所引自心心所虚妄变现，犹如幻事、阳焰、梦境、镜像、光影、谷响、水月、变化所成非有似有。”（T31，p. 46b–c）另一方认为凡夫可见部分（粗分）依他起性，比如善位眼识等并没有我执及法执现行，主要依据有《佛地经论》所说“诸我执等烦恼障体，唯在不善有覆无记二心中有”（T26，p. 323c）。《瑜伽师地论》说“问：依他起自性何等智所行。答：是二智所行，然非出世圣智所行”（T30，p. 705a）。《成唯识论》也说“依他起性二智所行”（T31，p. 47c7）。

① 佛教内部有不同的宗派，这些宗派对“佛”的看法存在差异，也就是说佛教内部有不同的佛陀观。笔者认为佛陀观更多的是信仰问题，很难通过辩论来证明哪一

笼统来说，心识能够虚妄显现存在和不存在的事物，之所以虚妄是因为彼等事物所不具有的相被心识显现出来，所以彼相是虚假的，也正因为此说“无相”。常见的虚妄相当然是似二取（遍计所执的影像），由于“乱识似彼所取能取而显现”，看起来是此般之体相而实非彼体相，所以说为如幻、阳焰、梦境、水月、倒影等。对于在依他起法x上增益y（x的法我），这个情况中有x和y二者的显像混杂或说重合在一起。虽然严格地说，这样混杂或重合也就成为遍计所执性的显现，然而还是能说，凡夫遍计依他起性，增益遍计所执性。在这个问题上，有相唯识采取了这样的姿态：纵然显现遍计所执的影像，那也只能是二取相，还是依他起

方对错。诸如汉传佛教的主流思想中，佛具有自性身、受有身、变化身，以及大圆镜智相应净识、平等性智相应净识、妙观察智相应净识身、平等性智相应净识。从心识上来说，佛具有无漏的眼识乃至阿陀那识等八种识。这种佛陀观由《入楞伽经》《佛地经》等菩萨乘经典及相关论典确立。其他宗派当然不一定认为佛陀具有八种识，有的宗派认为具有眼识乃至意识等六种，或者再有一个微细的心识，称为“有分心”等。这些宗派或承认或不承认佛有三身，比如有的认为佛只有父母所生身及法身这二身。这种佛陀观由阿含典籍乃至部分大乘经典及相关论典确立。

具体到此处，所涉及的有相无相并不是识是否带相的问题，而是形象是真实还是虚妄也就是识在本质上是否具有形象的问题。寂护论师批评了有相唯识和无相唯识，他依旧采用无相唯识立场。宝藏寂论师等人认为识对于蓝色等的觉知可能错误，蓝色等由于无始无明扰动在能所显现模式中掺杂（叠加）了不真实的显现，但自证分并没有错误，没有掺杂（叠加）不真实的显现，永远都是现量，因此不能够通过离一多论证来证明其虚妄。智吉祥友论师等认为心识一定有内容的，佛陀的心识也有其内容，只是以一种特别的方式认知其内容。如果通过离一多论证能够证明蓝色等虚妄，通过离一多论证也能证明心识的自证虚妄，这样何不承认蓝色等不虚妄。这样，智吉祥友论师认为宝藏寂论师的无相论证有信仰立场上（宝藏寂论师的佛陀观）的逻辑预设，难免循环论证。可参阅Davey K. Tomlinson, *The Tantric Context of Ratnākaraśānti's Philosophy of Mind*, Indian Philos（2018）46:355 - 372 ，https://doi.org/10.1007/s10781-018-9351-9以及茅宇凡：《寂护与莲华戒的唯识立场——以〈摄真实论〉（*Tattvasaṃgrahapañjikā*）“考察外部对象品”（*Bahirarthaparīkṣā*）对妙护（*Śubhagupta*）的回应为线索》（台大《佛学研究》第二十九期）等。

性，这个基础上执著如现而有的体性（二取性），才是执著遍计所执性。因此，“二取是遍计所执”中的“二取”是二取性，不是二取相。无相唯识姿态比有相唯识激进：即使心识不依着显现去执著人我、法我，也不影响显现本就是遍计所执的影像的归属，终究来说如果没有二取习气作祟，也就根本不会显现那样的能所二相，遍计所执性名言习气是虚妄分别出现的原因，这就决定心识所有显现都有遍计所执的影像，根本没有如实显现。有相唯识一方，尤其护法论师就质疑：**“勿无漏心亦有执故、如来后得应有执故。”**（《成唯识论》卷8，T31，p. 46a）大意是：佛的后得智也显现能所或说似二取显现，按你方的说法，佛也有遍计所执性执（能遍计），这没有道理。

《成唯识论》没有列出无相唯识一方对此的回应，以笔者对无相唯识思想的理解，譬如阿赖耶识是无覆无记，无相唯识也承认阿赖耶识没有执著，然而这不妨碍阿赖耶识显现遍计所执的影像。在识颠倒显现影像的情况下，可以不执著该影像，譬如某类色盲的眼识。无相唯识一方很可能会说，所知障导致地上菩萨也有不清净（错乱）显现，所以会显现遍计所执性影像，然而可以不执著有如现而有的遍计所执性。众生有错乱的显像，现为不清净，佛需要显现这些才能度众生。

宝藏寂提出：**“于彼说为清净世间本知，由彼本知以全然决断真实性而是清净，以错乱而是世间。如是，于佛地以所为增上是于圆满菩提些许错乱。因是清净世间我性故也。”**[①]这段话大意是：

---

① 宝藏寂：《中观庄严优波提舍（中观庄严口诀论）》，法光法师由藏译汉，收入《2020法相唯识学学术研讨会暨第四届东方唯识学研究会年会论文集》，峨眉山佛学院，2020.11.13–11.15，页231。此文收入《唯识研究》（第九辑）。这句引文在《唯识研究》（第九辑），页279。

智慧（本知）因为有错误显像是世间，由于能够决断真实性是清净。佛因为度化所利益的有情的关系，有错乱的显像。菩萨的智慧（本知）对于圆满菩提有些错乱，尽管菩萨的无漏智是出世间智。可能需要解释佛有错乱的显像，比如佛本就没有欲界习气，不需要吃饭，然而显现吃饭，而吃饭与佛的实际层次不相符合，可以说为虚假或错乱，所以说“于圆满菩提些许错乱”。

退一步，即使承认佛的心识没有错乱显现，对无相唯识思想也不会形成多大伤害。不过，的确有一种思想认为，佛的心识没有能所，佛本身没有任何相显现。佛身、净土等是为众生显现，对众生成立。有相唯识一方应该没有谁持有这种见解，不确定无相唯识一方一定没有人持有这种见解。以笔者理解的安慧、宝藏寂等思想来说，鉴于他们承许成佛得到三身等等，他们的无相唯识宗见没有激进到主张佛本身没有任何相显现的程度，而且反对佛没有心识仅是加持色身度众生的观点。

“无相”在认知论上的字面意思是心识不带相认知境，比如眼识直接认知色处，眼识内没有相似于色处的相。通常来说，唯识宗承许带相，心识变带境的影像，承许境本就是心识；根本智认知真如是挟带的方式，真如又是心识的法性，这样仍然能够成立唯识无境。然而，“无相唯识”中“无相”（*nirākāra*）强调有情见闻觉知的所有相都是心识的虚妄投射，也就是被错误建构（变现）的精神内容，就像翳眼妄见的毛轮或者被咒术迷惑的眼识妄见的幻象等一般。理想（完美）的认知是直接呈现的“亲证”，没有“相”（*ākāra*）作为中介。这样，成佛之后只能以挟带的方式去缘境，也就是说没有变带而缘。在这个问题上，解释成佛不具有烦恼障和所知障导致的相更合适；二障会造成有情的心识带有不清净或低劣的相，有情的心识自然也是染污或低劣。佛不具有染污或低劣心识，自然也不具有有情的心识所带的那些相，据此而说为“无相”。

宝藏寂对“无相”，有一个很好的说明：**“于世间本知，清净泯灭后，彼无二无戏，遍主生无显；世间知具相，相等者虚妄，断除非谛故，说彼为无相。”**[①]对于“世间本知”，可以联系《辩中边颂》所主张的三界心心所是虚妄分别（乱识）来理解，世间本知（乱识）“以错乱而是世间”，也就是基于错乱之力显现。这就导致世间本知所具有相虚妄不实，是虚妄分别中被错误体验到的东西 。当彻底遮破后，虚妄不真实的相就不显现，“本知”就不带有相，也就意味着没有任何杂染内容，彻底认知真实，“彼本知以全然决断真实性而是清净”，这就是宣说无相之意。佛的心识是理想的，也被认为是心识本然的、应该的样子，也就是说心识从本质上是没有那些相的，如此的无相是心的本性（我性）。

在无相唯识中，境（义）笼统地讲是遍计所执性，因为当谈及境（义）时已然是谈及“意言分别相”或“遍计颠倒生相”，比如渴鹿所执的似水之境即阳炎显现为水境，这样的境（义）在虚妄分别中确立，相未被心识如实显现，也就成为“无相”所极力否定的“相”。当然，相没有如实显现，意味着具有所显现的相的事物不存在却现似为有，从而彼事物也是所破，非唯只破相。

《摄大乘论》主张唯识无境的情状中（于无义唯识中）显现了“义”，“义”包含能取和所取。虽然像是“义”，然而并不是“义”，表示实际没有“义”，只有“似义”显现，这显现属于乱识（虚妄

① 宝藏寂：《中观庄严优波提舍（中观庄严口诀论）》，《唯识研究》（第九辑），页279。

分别），于中“唯有似义显现可得”。这样，实际上没有所取及能取义，只有遍计所取的似所取及能取义显现。带有这种能所二相的乱识，通过显现“似义”的方式“显现”遍计所执性，从而心识得遍计所执性。[①]《辩中边论》直接依“境”建立遍计所执性，“境”同样是通过显现“似义”的方式妄现为有。从无始生死以来直至涅槃究竟之间的心王和心所都是虚妄分别，分为能取分别和所取分别，天然地分别能取及所取。它是依他方而起的随顺生死的乱识，所以是依他起性。由于虚妄分别及如所分别的根境识等不如是有，识所显现的应是似尘、似有情、似我及似了。这样，识的见分和相分应该称为“似见分”和“似相分”。要言之，识既显现了“似识”（似能取）的相，也显现“似境”（似所取）的相，这就是“识体转似二分”而有的二取相（似二取）。由于依他起的二取相是二取性的影像，又缘于彼影像遍计二取性，依他起性就成为遍计所执性的所依行相。这样，依他起性不以显现的形态为自性，遍计所执性非是以妄现的相而安住，遍依二性真实情况并非如所妄执或如所显现那般。

在依他起性显现为犹如二取（遍计所执性）的情况中，以境（相分）来说，当认为它是境（相分），必然地已经把似所取当成了所取，这样不难理解何以可以认为境（相分）是遍计所执性。

---

① 虽然遍计所执性实际无体无相，但是在乱识中也会有似其相显现，观感中认为具有如此之相的体性存在。比如虽然人我及法我不存在，但在乱识中却可以有人我和法我的影像显现。对此可参照1.世亲《摄大乘论释》卷4：“似义显现者，似所取义相貌显现，如实无我似我显现。”（T31，p. 338b）2.无性《摄大乘论释》卷4：“‘似义显现’者，谓实无体，但似其义相貌显现。若体实无，云何名‘义’？为避此难，是故说言‘似义显现’。谓由名言熏习种子，虽无实体而似有义相貌显现，是故名‘义’，如幻像等似有显现。”（T31，p. 403b）

类似地，也不难理解何以可以认为识（见分）是遍计所执性。识是依他起性，这种“是”居于离言法性的范畴，这个层面的“是”有相唯识和无相唯识双方都认同的。然而当三界心识和言说中出现“是”，认为识（见分）是那样地作为依他起性的识（见分），已经把识（见分）建构为遍计所执性。

依遍二性关系形成了如幻的底层原理。依于这个原理，所显现的“在者”非是其所是，只是妄现为是其所是。换言之，“在者”只能是“似在者”，绝非如其显现而是彼在者。对于任何的“在者”，无论识还是境，由于没有显现真实相，导致所谓的识其实是似识而非识，以及所谓的境其实是似境而非境，认为是识及境已经是认为遍计所执性成立。对此可以参照“绳误为蛇”的情况，其中将蛇视为境，将识理解为见蛇之识。境与识并不是那样成立的，那样的境和识并不存在，境识其实是似蛇境以及似见蛇境的似识，二者皆属于依他起性。因此，在这种情况本质上是将依他起性误认为如现而有（=建立遍计所执），有违识境如幻之理。

识境犹如能取性以及所取性显现，探究此中何以把见相二分判为依他起性，应该不难发现有相唯识一方是把似能取相（似见分）和似所取相（似相分）称为“见分”和“相分”。无相唯识一方实际也可以这样做，然而一旦采用“见分”“相分”之类的词，完全可能把见分和相分判为遍计所执性，因为“似见分”和“似相分”既然是似能取和似所取依他起性，“见分”和“相分”当然是能取和所取遍计所执性。其实，双方表述上的差异归根结底是源于对“如幻”“假名”等的认知不尽相同。这种不尽相同，可以从对这一问题的回答看出来：依他起性所显现的相是否如实表现（反映）依他起性、是否真的是依他起性具有的相？

有相唯识和无相唯识的根本差异在于如幻程度不同。无相唯识一方认为染净依他都如幻，修行就像强力的幻师（幻王）去除其他幻师的幻术一般以幻止幻。总之，依他起显现或多或少虚假不实（假相），总是会有颠倒或错乱的显像。有相唯识一方往往难以把“如幻”的虚假不实的内涵放到无漏（清净）依他起性上。此外，“五八无执”之类的观点往往被理解成主张前五识和阿赖耶识尤其自境（相分）是真实显现（真相），不带有二取性（遍计所执性）影像。

《三自性颂》思想上属于无相唯识，是无相唯识系统的重要著作。鉴于三性是唯识思想的基础，具有存在论 、认知论、修道论等丰富内涵，欲了解无相唯识三性思想，从这部论入手是非常合适的。笔者个人认为无相唯识的解释力不如有相唯识，然而无相唯识在破除执著上比有相唯识激进，思维和观修无相唯识的道理，对于消磨我们的虚妄分别心更有力。总之，有相唯识和无相唯识都应该学习，毕竟二者是唯识学的两大主流。

第三章　思想解读

梵文：namo mañjunāthāya

藏文世亲本：བཅོམ་ལྡན་འདས་འཇིག་རྟེན་དབང་ཕྱུག་འཚལ་ལོ།

藏文龙树本：སངས་རྒྱས་ལ་ཕྱག་འཚལ་ལོ།

顶礼文殊！①

第一节　颂1至5：三自性的定义

［一、三自性的定义］一

梵文：kalpitaḥ paratantraś ca parinișpanna eva ca /

trayaḥ svabhāvā dhīrāṇāṃ gambhīraṃ jñeyam iṣyate //

藏文世亲本：།བརྟགས་དང་གཞན་གྱི་དབང་དང་ནི། །ཡོངས་སུ་གྲུབ་པ་ཉིད་དག་སྟེ། །རང་བཞིན་གསུམ་པོ་བརྟན་རྣམས་ཀྱི། །ཟབ་མོ་ཡི་ནི་ཤེས་བྱར་འདོད།

藏文龙树本：།ཀུན་བརྟགས་དང་ནི་གཞན་དབང་དང་། །ཡོངས་སུ་གྲུབ་པ་ཉིད་ཀྱང་ནི། །བརྟན་པ་རྣམས་ཀྱི་རང་བཞིན་གསུམ། །ཤེས་བྱ་ཟབ་པར་འདོད་པ་ཡིན།།

遍计所执、依他起、圆成实，即是三自性。［它们］应该是刚毅者［即菩萨］的甚深所知。②

---

① 世亲本中“བཅོམ་ལྡན་འདས་འཇིག་རྟེན་དབང་ཕྱུག་འཚལ་ལོ།”，顾毳老师直译：“礼敬世间自在薄伽梵！”龙树本中“སངས་རྒྱས་ལ་ཕྱག་འཚལ་ལོ།”，顾毳老师直译：“礼敬佛陀！”杨白衣《世亲三性论之研究》中依序说明意思是“归命文殊菩萨”“归命世尊自在主”。（页369）

② https://dedu.dila.edu.tw/view/trisvabhavaYao。对于梵藏校勘，姚治华教授在这个网页中有简要说明。

菩萨为了有情的利益和福祉而发愿成佛，需要无数劫勇悍无有疲厌修行六度，难舍能舍、难行能行、难忍能忍，所以被称为刚毅者。菩萨之所以需要认知三性，是因为三性显示了成佛之法，世间睿智之人无力宣说，阿罗汉以其证量也无力宣说，是佛基于证悟的最极清净的法界宣说。

在所断和所证等方面，佛与阿罗汉存在差异，佛断除了烦恼障和所知障这两种障，而阿罗汉只断除了烦恼障。这样的观念不仅仅涉及“障”，也涉及事物的显现方式和存在方式，当然必然涉及如何深入了知缘起。阿含经中记载，佛宣说“缘起甚深”。对于声闻，“缘起甚深”主要是基于破除烦恼障来说。关联到三性上，可以依无常义、苦义、空义、无我义、胜义谛义等解说缘起甚深，这是基于破除所知障和烦恼障。

由于三自性涵盖一切法，如实显示了染净缘起，三自性（三自相）是根本三真实，①又被称为三能相。②可能需要解释遍计所执性为何也是“根本真实”：见闻觉知的一切都是言说熏习心投射（显现）出来的，这种情况对于世俗界是真实情况，所以遍计所执性尽管于依他和圆成二性中无，但是在言说熏习心中现为有；也就是说，分别心认知的法上有其戏论体性，也可以表述为在分别心中法看起来具有遍计所执性，所以不能讲就只有依圆二性。尽

---

①《辩中边论》卷2：“论曰：世俗谛有三种，一假世俗、二行世俗、三显了世俗。此三世俗如其次第，依三根本真实建立。胜义谛亦三种，一义胜义，谓真如胜智之境名胜义故；二得胜义，谓涅槃，此是胜果亦义利故；三正行胜义，谓圣道，以胜法为义故。此三胜义，应知但依三根本中圆成实立。此圆成实总有二种，无为、有为有差别故。无为总摄真如涅槃，无变异故，名圆成实。有为总摄一切圣道，于境无倒故，亦名圆成实。”（T31，p. 469b–c）

②《大乘庄严经论》卷5：“释曰：能相略说有三种，谓分别相、依他相、真实相。”（T31，p. 613c）

管是妄现为有（假有、情有），然而缘起上与名言及名言执密切相关，其实面对把其显现出来的心识，遍计所执性也就成为一种根本真实。然而，从体性上说，的确依圆二性有自性，遍计所执自性无自性。

三性的假有、实有、胜义有，如实地反映了“存在（有）”的三个方面。遍计所执性通常被视为无有，之所以是假有，是因为被妄现为有，虚假地被表现，唯是名言假立。与遍计所执性相比，依他起性是“实有”，当然在此实有中依据另外的假实分类，依他起性中可区分假有的有为法和实有的有为法。至于依他起性又被称为“假有”，通常是与圆成实性对比而言。圆成实性从世间言说上称为“胜义有”，因为其是胜义离言法性，作为根本智的所行境，表述其存在模式需要以合适的词。仅就修道论而言，如实认知缘起，断除杂染法，证得清净法，才能够成佛。三自性显示了成佛所需要的遍知，永断，现证。基于这些背景，大体就可以理解为什么三自性是甚深所知。仅就甚深而言，三性的甚深关系在第10颂有概括。

颂1包含两层意思：1.三性是菩萨（刚毅者）智的深刻对象，是甚深的境（所知）。言外之意，一般人难以通达此境，不能如实认知。2.菩萨（刚毅者）应该深刻的了知三性，凡夫菩萨可以现在认识不深刻，但要立志将来彻底认知三性。笔者认为这部论透露这个意思：只有佛才能如实认知三性，至少地上菩萨也还有错乱显现，佛完全断除了错乱显现，不具有错乱显现造成的障碍，做到了自在所行。

二

梵文：yat khyāti paratantro 'sau yathā khyāti sa kalpitaḥ / pratyayādhīnavṛttitvāt kalpanāmātrabhāvataḥ //

藏文世亲本：།རྐྱེན་གྱི་དབང་གིས་འཇུག་པ་དང་། །བརྟགས་པ་ཙམ་གྱི་དངོས་ཡིན་པས། །གང་ཞིག་སྣང་དེ་གཞན་དབང་སྟེ། །ཇི་སྣང་དེ་ཀུན་བརྟགས་པ་ཡིན།

藏文龙树本：།གང་སྣང་དེ་ནི་གཞན་དབང་ཡིན། །ཇི་ལྟར་སྣང་བ་ཀུན་བརྟགས་ཏེ། །རྐྱེན་ལ་འཇུག་པའི་དབང་ཕྱིར་དང་། །བརྟགས་པའི་དངོས་པོ་ཙམ་ཕྱིར་རོ།

能显现就是依他起，因为它依缘而起；其所显现的形态就是遍计所执，因为它只是由分别而存在。①

分别心显现为能所，带着能取相和所取相出现。“依他起者，所谓诸法依诸因缘所生自体。”（《显扬圣教论》卷16，T31，p. 557b）依他起性出现的缘力是相和粗重，说成遍计所执性或遍计所执言说习气也可。②“遍计所执者，所谓诸法依因言说所计自体。”（《显扬圣教论》卷16，T31，p. 557b）遍计所执建立的典型过程是这样的：由于名、名生起事（义）执的缘故，根据有为法的名，意识等的能取相（主力是想心所）取有为法的显相，而这个显相已经因为遍计言说习气的影响而失真，却计度认定有为法实际情况就是如所取相的法（如所显现的法），寻伺心所产生语言对其加以表述，言说的来源是见闻觉知形成的观感，他人听闻之后也把此人所表述的如所显现的法［本不存在］执为实际如是存在。③

---

① https://dedu.dila.edu.tw/view/trisvabhavaYao。对于梵藏校勘，姚治华教授在这个网页中有简要说明。

② 《显扬圣教论》卷16：“此依他起自性，以相及粗重为体。云何说为依他起？由此二种更互为缘而得生故。谓相为缘起于粗重，粗重为缘又能生相。”（T31，p. 559a）

③ 《摄大乘论本》卷2：“复次，云何遍计能遍计度？缘何境界？取何相貌？由

这样，自他通过串习言说熏习心识，而生起对遍计所执的执著，执著的熏习又强化遍计所执言说习气，就又滋生此后的虚妄分别。此如《显扬圣教论》卷16中所说："由此颠倒熏习力故，后依他果自性得生；又依此果，后时复生法执颠倒。如是二法更互为缘，生死展转相续不断。"（T31，p. 558a）根本识作祟，意识等心识（依他起性）不得不如此显现，这样以错乱的原因而有。[①]这个基础上，分别心又把表述的声等遍计所执之法误执为就是离言的声等依他起法，依此认为如实认知和把握了世界。

后文有一个譬喻，观众的眼识因为咒术的力量而错乱显现出大象的样子（行相），认为真的看到一头如现而有的大象，也就认定存在一头具有那个样子（行相）的大象。结合这个譬喻，色等法影像如同大象的影像显现，如同依于相执著有如所见的大象一般，执著有如所见的色等法，这就不难理解色等法犹如幻象。至于名言表述色等法，如同表述那大象一般，实际在表述遍计所执，认为是在表述依他起性或圆成实性，必然是执著 。二取体性不存在，但分别心显现了它的相，依据这个相计执有二取体性。严格地讲，虚妄分别心显现的是遍计所执性的影像，透由影像认为具有彼自相的法存在，从而执著有遍计所执性，这虽不意味着分别

何执著？由何起语？由何言说？何所增益？谓缘名为境，于依他起自性中取彼相貌，由见执著，由寻起语，由见闻等四种言说而起言说，于无义中增益为有，由此遍计能遍计度。"（T31，p. 139b）

① 《辩中边论》卷3："似二性显现者，谓似所取能取性现，乱识似彼行相生故。如现实非有者，谓如所显现，实不如是有。离有者，谓此义所取能取性非有故。离非有者，谓彼乱识现似有故。如实知见此中义者，应知是名于义无倒。"（T31，p. 475a）

宝藏寂著《中观庄严优波提舍（中观庄严口诀论）》中说："此二之性相无如实故，遍计之体性也。彼复，所取及能执二也。虽无二，由习气之力生为显现为二也。彼者，依赖因缘故，依他起之体性也。抑或所谓'他'者，作为行相。"（法光法师译）

心认知到遍计所执性，却可以表述为“得遍计所执性”。

这部论宣说依他起性是非真实显现，其原因可以归结到遍计所执言说习气上。后文提到根本识如咒，之所以譬喻成咒，是因为依于根本识中二取习气的力量出现虚假显现，就如同依于咒力显现幻象。依他起性及其行相也就表现遍计所执性，属于依他起性的二取相被显现为属于遍计所执的二取性。因此，如所显现的依他起性彰显遍计所执性实有，就可归入所遮遍计所执性。识境及其行相属于依他起性，却不表现依他起性，而是表现遍计所执性，或说是遍计所执性的表现。遍计所执性体相没有真实存在方式，其成立方式完全是心识依二取习气显现或者名言增上之力构建，基于此就可理解遍计所执性为何又被说为“恒常不存在”。①

三

梵文：tasya khyātur yathākhyānaṃ yā sadāvidyamānatā /

jñeyaḥ sa pariniṣpannaḥ svabhāvo 'nanyathātvataḥ //

藏文世亲本：།གང་སྣང་དེ་ཡི་ཇི་ལྟར་སྣང་། །རྟག་ཏུ་མེད་པ་གང་ཡིན་དེ། །གཞན་དུ་འགྱུར་མེད་ཤེས་བྱ་བས། །ཡོངས་སུ་གྲུབ་པའི་རང་བཞིན་ཡིན།

藏文龙树本：།དེ་ཡི་སྣང་བ་ཇི་བཞིན་སྣང་། །རྟག་ཏུ་མེད་པ་ཉིད་གང་ནི། །གཞན་དུ་མི་འགྱུར་ཕྱིར་ཉིད་དེ། །ཡོངས་གྲུབ་རང་བཞིན་ཤེས་པར་བྱ།

就能显现者［即依他起自性］而言，其所显现的形态［即遍计所执自性］恒常不存在，应知这就是圆成实自性，因为它没有变异性。②

① 有相唯识认为影像是依他起性的表现，并不直接把其视为遍计所执的影像，根据这影像所执著的法我等才是遍计所执性，在此基础上再谈遍计所执的影像。

② https://dedu.dila.edu.tw/view/trisvabhavaYao。对于梵藏校勘，姚治华教授在这个网页中有简要说明。

虚妄分别心显现的影像虽归属于依他起，然而是对遍计所执的反映，因而可以说为显现遍计所执。基于这种影像，分别心创造（臆造，构想）了遍计所执性，遍计所执性也就以这个方式出现了。虚妄分别心是依他起性，显示遍计所执影像对其依存。因为二取性是分别心的构建，遍计所执性是构建出来的，所构建的二取性根本不存在，遍计所执性就以没有二取性的方式而存在，也就是如所显现不如是有的方式。心识所现起的能取相和所取相都是错乱显现，覆盖真实，妨碍通达真实，是不真实的精神创造（臆造），可以说是假。无智之人以之为真实存在，认为确有事物具有这样相，此种如现而有的事物的体性是遍计所执自性。

遍计所执性不能以心识内显现的相成立为有，这就是说看起来是某物，其实不是某物，以这样的方式有和无。结合眼识被幻师的咒力迷惑的譬喻，不能以眼识内大象的相去证明有一头具有那个样子的哺乳纲长鼻目象科动物，尽管它看起来是那动物。

这里存在一个问题：既然没有那样一头大象，心识凭什么显现那头象的样子？回答：由于根本识有生起错误和颠倒显像的功能，也就是有烦恼障和所知障的种子。依据这些功能（种子）呈现出人我的样子（行相）和法我的样子（行相），法在心识内显现就伴随这些样子（行相），心识带着这些样子（行相）出现。由于这个原因，在心识中诸法就显现为有我的诸法。由于诸法无我是真实情况，这就表明彼等显现是基于咒语般的颠倒力量。

心识不应该显现遍计所执的影像，如现而有的遍计所执丝毫不存在，这是真实情况，此实相不会改变，也就是无变异圆成实自性。然而，由于二障作祟，法在心识内没有正确显示，呈现出与实际情况不相符合的形态，以不真实的形态出现。从这个点来说，心识由于颠倒原因即依于颠倒习气出现。这样的心识是“能显现”，这样的心识呈现的行相（形态）是“所显现”。从理体上来说，圆成实性作为实相，无论是否认识到，都是法尔如是，以法的真实情况而存在，圆成实性的这个情状不会改易，所以说“没有变异性”。从认识上来说，必须转变心识成为不显现遍计所执的影像的无漏心识，遍计所执作为转变前的心识的“所显现”就不会出现。不难理解，这个转变需要现证圆成实性才可能发生。

四

梵文：tatra kiṃ khyāty asatkalpaḥ kathaṃ khyāti dvayātmanā /

tasya kā nāstitā tena yā tatrādvayadharmatā //

藏文世亲本：།དེ་ལ་གང་སྣང་ཀུན་བརྟགས་ཏེ། །ཇི་ལྟར་སྣང་དེ་གཉིས་པོའོ། །དེ་ལ་དེ་མེད་གང་ཡིན་ལ། །དེ་ཉིད་དེ་ཡིས་གཉིས་མེད་ཆོས།

藏文龙树本：།དེ་ལ་ཅི་སྣང་ཡོད་མིན་རྟོག།ཇི་ལྟར་སྣང་བ་གཉིས་དག་གིས། །དེ་ཡི་མེད་ཉིད་གང་དེ་ཡིས། །དེ་ཙ་གཉིས་མེད་ཆོས་ཉིད་གང་།

在此处是什么显现呢？不真实（asat）的分别。它如何显现呢？是以［主客］二分的特性［显现］。此［分别］中不存在那［二分］，这是什么呢？它就是在其中没有二分的法性。①

此颂可结合《辩中边颂》：“虚妄分别有，于此二都无，此中唯有空，于彼亦有此。”（T31，p. 477c）来理解。

显现能所二相的心识是依他起性，这样的心识中出现了什么？出现了分别心的构建，以二取性的方式出现。分别心显现了“二”，就是能取和所取。分别心具有能取相和所取相，有些地方称为“似

① https://dedu.dila.edu.tw/view/trisvabhavaYao。对于梵藏校勘，姚治华教授在这个网页中有简要说明。

能取”“似所取”，就是像遍计所执性的意思，因为它们就是遍计所执性的影像。这当然是不真实（*asat*）的分别产生的结果，这个结果必定是以能所二相的模式出现。

分别心通过概念把握法，由于名与事本来“互为客”，当名与事结合并执为一，对事物的认知也就被概念所限定，也就以言说的力量增上安立诸法，法在心中也就成为言说所显的法，也就都成了遍计所执性，亦称为“言说自性”。这导致在受制于言说系统和认知模式中，所谓有为、无为并不是真正的有为、无为，仅仅是名言表述的有为、无为，也就是被称为有为、无为。①即使法的真实面目超越言说，然而佛也只能以言说来表述，这种是有体施设假；另外一种是无体随情假，凡夫把实际不存在的人我、法我等表述为有。分别心依据这两种假施设构建了遍计所执性，只有如实认识遍计所执性方可通达真实。就分别心本身而言，现有能所是不真实（*asat*）的分别，或者说遍计所执性基于分别而现似为有，也基于此增益为有，这是说依具体认知到的“遍计所执的影像”执著遍计所执性，从而实非某物者被认为是某物。

如果以《三自性颂》等典籍中常用的譬喻来说明，就像是咒术所迷的心识中出现大象的行相，虽然并没有一头大象具有这行相，但是这行相仍然能说是大象的行相，观众通过这行相执著大

---

① 《金刚般若波罗蜜经论》卷2：“又，彼一切法，法体不成就，为安立第一义故，经言‘须菩提！所言一切法、一切法者，即非一切法，是名一切法’故。”（T25，p. 776b）《入楞伽经》卷3：“大慧！何者一切法无言空？谓妄想分别一切诸法无言可说。大慧！是名一切法无言空。”（T16，p. 529a）《解深密经》卷1：“一切法者，略有二种：一者、有为；二者、无为。是中有为，非有为非无为；无为，亦非无为非有为。”（T16，p. 688c）《解深密经》卷1：“彼诸圣者于此事中，以圣智、圣见，离名言故，现等正觉；即于如是离言法性，为欲令他现等觉故，假立名想，谓之有为，谓之无为。”（T16，p. 689b–c）

象，而认为见到真实的大象，所执著的大象显现为见到的样子（行相）。类似地，遍计所执性显现被认知到的样子（行相），事物看起来就具有了遍计所执性，虽然实际遍计所执性不存在，也认知不到遍计所执性，然而确实见到了遍计所执性的行相。

我们也可以用《解深密经》中的水晶珠（颇胝迦宝）譬喻，古印度有一种无色透明的水晶珠（颇胝迦宝），用青色物靠上这种水晶珠（颇胝迦宝），“青染色”出现，这使得水晶珠（颇胝迦宝）看起来就是帝青宝，事实上根本就没有那个样子的帝青宝，然而我们在语言表达上，完全可以呈现帝青宝的样子，也可以说水晶珠（颇胝迦宝）显现为帝青宝，当然充其量是相似于帝青宝。遍计所执言说习气使得依他起性中产生遍计所执影像，就像“青染色”导致颇胝迦宝样子上现似帝青宝一般。这样就可以理解，依他起性显现的形态是遍计所执。也可以理解，虚妄分别识显现出来的能所，有时候被称为“似二取”；二取遍计所执性以这样的样子显现，被心识如此表现，并被执为如现而有。

依他起性如翳及毛轮的譬喻更明显地说明相关道理，由于翳力的缘故，眼识中毛轮相出现；为依他起性的显现寻找像翳力一般的力量，就是遍计所执言说习气。这习气造成识和境都没有显现真实相，显现的是遍计所执的行相，也就导致法的显现方式与实际情况不相符，这样的心识也就被称为“虚妄分别”。识和境被这样妄现为有，真实（本来）状况并非所显现的形态，此般形态的识和境都不存在，即并非如现而有，法性就由此来彰显。

五

梵文：asatkalpo 'tra kaś cittaṃ yatas tat kalpyate yathā /

yathā ca kalpayaty arthaṃ tathātyantaṃ na vidyate //

藏文世亲本：།གང་ཕྱིར་དེ་ལ་མེད་བརྟགས་དང་། །དེ་ཡིས་ཇི་ལྟར་དོན་བརྟགས་པ། །དེ་ལྟར་ཤིན་ཏུ་མེད་པས་ན། །སེམས་ནི་ཀུན་རྟོག་ཅེས་བྱ་ཡིན།

藏文龙树本：།སེམས་དེ་དེ་ཙ་ཡོད་མིན་རྟོག། །གང་ཕྱིར་དེ་ནི་བརྟགས་པ་ཡིན། །ཇི་ལྟར་དོན་ནི་རྟོག་བྱེད་པ། །དེ་བཞིན་ཤིན་ཏུ་ཡོད་མ་ཡིན།

此处的“不真实（*asat*）的分别”是什么？是心。因为它如是被分别，并且如是分别其对象，可它完全不是那样［作为主体或客体］而存在。①

“不真实（*asat*）的分别”也就是虚妄分别，这种心识并没有安住真实体性。它以颠倒之力出现，一方面呈现出了能取相，一方面呈现出了所取相。二取相实际不具有看起来（观感中的）样子，其实只是似能取和似所取相，换言之如所显现形态的能所二相并不存在，这也就注定此般的心识也不是如现而有。能所二相是对二取性（遍计所执性）的反映，前文表述为“遍计所执的影像”。如此本无所有而显现虚妄的行相，所以“不真实”。

虚妄分别心被分别为能取又被分别为所取，认为存在着具有所显现形态的识境，就是计执识境确实如所显现，那样的识境是遍计所执性，就是要否定的“如义”。②与“义”一模一样的“如义”

---

① https://dedu.dila.edu.tw/view/trisvabhavaYao。对于梵藏校勘，姚治华教授在这个网页中有简要说明。

这一颂可参照《辩法法性论》中“此中法相者，谓虚妄分别，现二及名言。实无而现故，以是为虚妄；彼一切无义，惟计故分别。”“无而显现故错乱，是杂染之因，如见幻象等。”（法尊法师译）

② 《摄大乘论释》卷4：“如此诸识，皆是虚妄分别所摄，唯识为性，是无所有非真实义显现所依，如是名为依他起相。”（T31，p. 399a）无性《摄大乘论释》卷4：“‘唯识为性’者，由邪分别二分显现，实唯是识。善等法中虽无邪执，缘起力故二分显现，亦唯是识。‘是无所有非真实义显现所依’者，所取色等名无所有，能取识等名

并不存在，无论如“所显现”的那些还是如“能显现”那些都是如此。遍计所执自性极无所有，却被妄现为有，所以能显现是乱识（虚妄分别）。乱识出现是由于显现遍计所执自性及其行相，这是基于颠倒或错乱力量，识境依于此被计执为体性异地各自存在。遍计所执性这样被现似为有，这注定它出现的方式与存在方式不一致，这同时决定依遍二性的关联。

第二节　颂6至9：心识的模式

［二、心识的结构］六

梵文：tad dhetuphalabhāvena cittaṃ dvividham iṣyate / yad ālayākhyavijñānaṃ pravṛttyākhyaṃ ca saptadhā //

藏文世亲本：།རྒྱུ་དང་འབྲས་བུའི་དངོས་པོ་ཡིས། །སེམས་དེ་རྣམ་པ་གཉིས་འདོད་དེ། །ཀུན་གཞི་རྣམ་ཤེས་ཞེས་བྱ་དང་། །འཇུག་པ་ཞེས་བྱ་རྣམ་བདུན་ནོ།

藏文龙树本：།རྒྱུ་དང་འབྲས་བུའི་དབྱེ་བ་ཡིས། །སེམས་དེ་རྣམ་པ་གཉིས་སུ་འདོད། །ཀུན་གཞི་རྣམ་པར་ཤེས་གང་དང། །འཇུག་པ་ཤེས་བྱ་རྣམ་བདུན་པའོ།

由于它可以作为因又作为果，心许有二种，即一名为阿赖耶识，二名为转识之七种识。[①]

基于因性或果性，“心”区分了两种行相，也就是阿赖耶识和七转识。颂文文字略，可以解释为第八识是因，七转识是果；《显扬圣教论》卷1：“此识能执受了别色根、根所依处及戏论熏习，于一切时一类生灭不可了知。又能执持了别外器世界，与不苦不

非真实，此二皆是遍计所执并名为义。虚妄分别所摄诸识，是此二种显现因缘，故名所依。”（T31，p. 399b）“如义”意思是如所显现的义，一个对照概念是“似义”。

① https://dedu.dila.edu.tw/view/trisvabhavaYao。对于梵藏校勘，姚治华教授在这个网页中有简要说明。

乐受等相应，一向无覆无记，与转识等作所依因，与染净转识受等俱转，能增长有染转识等为业，及能损减清净转识等为业。”（T31，p. 480c）也可以解释为第八识和前七识互为因果的关系，也就是说因事体和果事体都可以指第八识或前七识。

对这个颂，可以结合《摄大乘论本》卷1一处行文理解：**“如是二识更互为缘，如《阿毗达磨大乘经》中说伽他曰：‘诸法于识藏，识于法亦尔，更互为果性，亦常为因性。’”**（T31，p. 135b）阿赖耶识是杂染法的因，杂染法也是阿赖耶识的因，阿赖耶识与杂染法互为因果的关系由阿赖耶识的三相决定，简单说就是基于“种子生现行，现行熏种子”的种现生熏原理。

阿赖耶识摄持因相、果相，《摄大乘论》简明扼要地界定了阿赖耶识三相：

此中安立阿赖耶识自相者，谓依一切杂染品法所有熏习为彼生因，由能摄持种子相应。此中安立阿赖耶识因相者，谓即如是一切种子阿赖耶识于一切时与彼杂染品类诸法现前为因。此中安立阿赖耶识果相者，谓即依彼杂染品法无始时来所有熏习，阿赖耶识相续而生。[1]

阿赖耶识能够摄持种子（习气），阿赖耶识摄持种子（习气）这一点是“自相”，从种子生起杂染品法现行来说，阿赖耶识可以视为因缘，依之建立“因相”。[2]习气的来源是杂染品法的熏习，杂染品法望于阿赖耶识是增上缘，阿赖耶摄持种子（习气）就会

① 《摄大乘论本》卷1，T31，p. 134b。

② 《瑜伽师地论》卷51：“云何建立互为缘性转相？谓阿赖耶识与诸转识作二缘性。一、为彼种子故；二、为彼所依故。为种子者，谓所有善、不善、无记转识转时，一切皆用阿赖耶识为种子故。为所依者，谓由阿赖耶识执受色根，五种识身依之而转，非无执受。”（T30，p. 580b）

导致阿赖耶识继续延续，依之建立“果相”。[①]这样，在缘起中阿赖耶识摄持种子，依据功能（作用）确立了因性及果性，这样互为因果的关系就成立起来。[②]

为了说明这个问题，笔者这里依旧使用拙著《唯识宗与应成派宗义抉择》中使用的解说：将阿赖耶识的运作法则设为f，对阿赖耶识依据种子在缘聚的情况下所转生出的果法，我们使用公式描述，即：f(种子)=果。果法的现起是由f及种子决定。其中，“f”基于阿赖耶识摄持种子的作用；杂染品法熏生种子，由于种子生出新的现行杂染法，导致“f（种子）”整体上对于果出现具有因的意义，这是阿赖耶识的因相。现行杂染法中的转识熏生新的种子（习气），影响阿赖耶识，使得阿赖耶识相续不断，这是阿赖耶识的果相。因相、果相之所以能安立，依赖于阿赖耶识摄藏诸种子的功能，这种功能或说阿赖耶识受熏持种就是阿赖耶识的自相。总之，从阿赖耶识摄持种子的作用，界定阿赖耶识的自相。从阿赖耶识依种子转变出现行法的功能，界定阿赖耶识的因相。从现行新熏的种子令阿赖耶识相续转变的作用，界定阿赖耶识的果相。此中，现行熏种子（阿赖耶识受熏）通于自相和果相，种子生现行只通因相。这三相决定了阿赖耶识是无常的，论中用幻、炎、梦、翳等譬喻阿赖耶识。[③]

---

① 《瑜伽师地论》卷51：“复次诸转识与阿赖耶识作二缘性。一于现法中，能长养彼种子故。二于后法中，为彼得生摄殖彼种子故。于现法中长养彼种子者，谓如依止阿赖耶识善不善无记转识转时。如是如是于一依止同生同灭，熏习阿赖耶识；由此因缘，后后转识善、不善、无记性，转更增长、转更炽盛、转更明了而转。于后法中，为彼得生摄殖彼种子者，谓彼熏习种类，能引摄当来异熟无记。”（T30,p. 580b）

② 《瑜伽师地论》卷51：“阿赖耶识如是为彼种子故、为彼所依故、长养种子故、摄殖种子故，应知建立阿赖耶识与诸转识互为缘性转相。”（T30，p. 580b）

③ 释则生：《唯识宗与应成派宗义抉择》，页251。文句上与原文有所不同，鉴于

［三、心的词源义］七

梵文：saṃkleśavāsanābījaiś citatvāc cittam ucyate /

cittam ādyaṃ dvitīyaṃ tu citrākārapravṛttitaḥ //

藏文世亲本：།དང་པོ་ཀུན་ཉོན་མོངས་ས་བོན། །བག་ཆགས་བསགས་པས་སེམས་ཞེས་བྱ། །གཉིས་པ་རྣམ་པ་སྣ་ཚོགས་སུ། །རབ་ཏུ་འཇུག་པས་བྱེད་པ་ཡིན།

藏文龙树本：།ཀུན་ནས་ཉོན་མོངས་བག་ཆགས་ཀྱི། །ས་བོན་བསགས་ཕྱིར་སེམས་བརྗོད་དེ། །རྣམ་ཤེས་ལྡ་པོ་གཞན་མ་ཡིན། །སྣ་ཚོགས་རྣམ་པ་འཇུག་ཕྱིར་རོ།

第一个心［即阿赖耶识］被说为心，是因为它由烦恼习气种子积集而成。第二个［即转识被说为心］，是因为它转出多种行相（*ākāra*）。①

此处的词源学解释，应该说与《大乘成业论》一致。《大乘成业论》中说：“**心有二种：一集起心，无量种子集起处故；二种种心，所缘行相差别转故。**”（T31，p. 784c）前者（阿赖耶识）被称为心（*citta*），是取积集（聚集）义，因为它被杂染的种子所填充，积集习气，为杂染种子所随和依止，为无漏种子所随和依附。②《大

大部分相同，不再特意表明不同之处。

① https://dedu.dila.edu.tw/view/trisvabhavaYao。对于梵藏校勘，姚治华教授在这个网页中有简要说明。

② 《瑜伽师地论》卷1：“心谓一切种子所随依止性，所随［7］（依附依止）性，体能执受，异熟所摄阿赖耶识。”（CBETA 2021.Q2，T30，no. 1579，p. 280b6–8）［7］（依附依止）【大】，依附依止【宋】【元】【明】【宫】。“此段的汉译，若根据Schmithausen教授所解读的梵本：cittaṃkatamat yat sarvabījopagatam āśrayabhāvopagatam āśrayabhāvasanni<vi>ṣṭam upādātṛ vipākasaṃgṛhītam ālaya-vijñānam 应该是断句为：“心，谓一切种子（*sarvabīja*）所随（*upagata*），依止性（*āśrayabhā-va*，*the nature of basis*）所随（*upagata*），依附（*sanniviṣṭa*，*sticking to*）依止性，体能执受、异熟所摄阿赖耶识。”（载惠敏法师：《“缘起”与“缘生法相”：印顺导师对“瑜伽行派学要”的观点》，发表于2000年1月“印顺思想：迈向2000年佛学研讨会”。）

乘阿毗达磨集论》卷1有同类表述：“**何等为心？谓蕴界处习气所熏一切种子阿赖耶识。亦名异熟识，亦名阿陀那识，以能积集诸习气故。**”（T31，p. 666a）

后者被取名为心（*citta*），是取行相义，因为这七个识以前者作为依止，转变出色声等相，以这种方式运作（形成，建立），这样就有恒审思量及数数缘色声等不同的行相，以不同的形式（运作）表现自己。此中“种种心”，是各种不同的所缘和行相区分转起的识。转识各自认知自境，行相不同，所以是“种种”。①

《摄大乘论本》卷1：“**何因缘故亦说名心？由种种法熏习种子所积集故。**”（T31，p. 134a）此中，“种种法”意思是诸能熏法，完全可理解为七识。对于这点，窥基法师说得比较全面：“**二、积集名心，属前七转识，能熏积集诸法种故；或集起属前七转现行共集，熏起种故；或积集名心，属于第八含藏，积集诸法种故。**”（《大乘百法明门论解》卷1, T44，p. 47a）

关于“心”的词源，可参阅《俱舍论》等，本文无意展开。②

---

① 对于这个问题，读者可阅读张晓亮《世亲关于“心”（citta）之词源解释的发展》一文。转引该文一处注解：Kramer, Jowita. 2014. Sthiramati's Pañcaskandhakavibhāṣā, part 2：Diplomatic Edition. Vienna/Beijing：Verlag der Österreichischen Akademie der Wissenscgoldhaften.pp.81–82.

citratāṃ manaḥsaṃniśrayatāṃ copādāya cittam utpadyate|…tatra pravịttivijñānasyālambanaprativijñaptisva rūpatvād ālambanasya ca prativijñānam anekākāratvāvc cakṣurādivijñānaṃ citram utpadyate|…prādhānyena punaś cittam ālayavijñānam*| atraiva kāraṇam āha| tathā hi tac citaṃ sarvasaṃskārabījair iti pratikṣaṇaṃ sarvasaṃskāra bījaiś citatvāc cittam iti prādhānyena tad eva cittaṃ|

张晓亮译：由种种（*citra*）故名“心（*citta*）”……此中，转识以各别了境为自性。各别了境，行相非一，故眼等识谓之“种种（*citra*）”。……一刹那中，皆采集（*cita*）诸行种子，而谓“心”者，是最胜心。“采集（*cita*）”谓数数养活种子，或诸行种子随逐。

② 此处仅略说：《阿毗达磨俱舍论》卷4：“复有释言：净不净界种种差别故名

概括来说，“**积集有二、一集行相，二集种子，初通诸识，后唯第八。**”[①]集行相，七转识取这个积集义，而取名为“心”。阿赖耶识基于摄持七转识熏染的习气（种子）而取名为“心”。

阿赖耶识的功能由种子（习气）具体决定，不同的种子（习气）决定了阿赖耶识的不同功能。有的唯识资料将阿赖耶识譬喻成仓库，本文以计算机软硬件系统作出说明。《成唯识论》定义种子是“**本识中亲生自果功能差别**”。（T31，p. 8a）种子是对阿赖耶识功能的规定，阿赖耶识依据相关规定具有相应的功能。可以把阿赖耶识理解成一台计算机，计算机的功能（能做什么）由程序决定。“种子就相当于程序，新熏种子就像往计算机中安装新的程序。显然，如同计算机内的程序是计算机的一部分，种子是阿赖耶识的

为心。”（T29，p. 21c）遁麟《俱舍论颂疏记》卷4：“‘净不净界种种差别’者，‘界’是性义、因义。净不净界品缘境差别作种种因，差别不同故名为心；如一树心与大小枝叶种种不同，而为界性。”（X53，p. 416b）张晓亮《世亲关于“心”（*citta*）之词源解释的发展》一文对“种种”有这样的说明：“根据《俱舍论》梵文本，世亲以*cinoti*和*cita*解释心。玄奘将*cita*译为种种（*citra*），在玄奘所译众贤的《顺正理论》中同样译为‘种种’。真谛将*cita*译为‘所增长’，将*cinoti*译为‘增长’或‘能增长’。……称友（Yaśomitra）在《阿毗达磨俱舍论明了义释》（*Sphuṭārthā Abhidharmakośa-vyākhyā*）中解释，第一义‘集起（*cinoti*）’为‘集善不善界’，第二义cita被解释为‘熏习处/熏习依止’（*bhāvanā-saṃniveśa*），并说是遵循经量部或瑜伽行派的解释方法。”此处，转引张晓亮一文一处注解：AKVy., 141. 18f. nirvacanabhedas tūcyate | cinotīti cittam iti : kuśalam akuśalaṃ vā cinotīty arthaḥ | nairuktena vidhinaivaṃ siddhaṃ |…citaṃ śubhāśubhair dhātubhir iti cittaṃ| bhāvanā-saṃniveśa-yogena Sautrāntikamatena Yogācāramatena vā|

法光法师译：然，说训释差别：“集故名心”者：集善不善界之义；此以训释规定所成。……“集净不净界为心”者：此即经量部或瑜珈行所许，聚集熏习道理。（出自法光法师2021年阿毗达磨课程资料）

① 《唯识二十论述记》卷1：“心积集义，意思量义，识了别义。了识达义，应‘了别’。此中言略，但说‘了’言。旧论言等，等此了故。积集有二：一、集行相；二、集种子。初通诸识，后唯第八。”（T43，p. 981b）

一部分。”[①]

这部论没有明确提出三能变，然而从颂7及下颂大致也能得出承认识转变的结论，对这些行文容易理解成主张一能变。这里可以联系《辩中边颂》中所宣说的识变现似色等境（似义）、似自他根身（似有情）以及转识（似我及似了），这些都是“非实有”。对于一能变及非实有，可以联系《摄大乘论》界定的依他起性：“**此中何者依他起相？谓阿赖耶识为种子，虚妄分别所摄诸识。**”（《摄大乘论本》卷2，T31，pp. 137c–138a）诸识当然是指不同的识（真谛译为“诸识差别”），分为身、善趣恶趣死生识等十一识。真谛译本《摄大乘论》：“**复有何义，由此一识成一切种种识相貌？本识识，所余生起识，种种相貌故，复因此相貌生故。**”（T31，p. 119c）[②]根本识变异转变为他识而称为“本识识”，这是根本识的相

① 释则生：《唯识宗与应成派宗义抉择》，页291。原文使用“程式”，此处该作“程序”。

② 玄奘译本无此句。此段对照：玄奘译本《摄大乘论本》卷2：“复次，此三自性为异为不异？应言非异非不异。谓依他起自性，由异门故成依他起；即此自性由异门故成遍计所执，即此自性由异门故成圆成实。由何异门此依他起成依他起？依他熏习种子起故。由何异门即此自性成遍计所执？由是遍计所缘相故，又是遍计所遍计故。由何异门即此自性成圆成实？如所遍计毕竟不如是有故。”（T31，p. 139b–c）

真谛译本《摄大乘论》卷2：“此三种性云何？与他为异、为不异？非异非不异，应如此说。有别义，依他性名依他。有别义，此成分别。有别义，此成真实。何者别义说此名依他？从熏习种子系属他故。复有何义此成分别？此依他性为分别因，是所分别，故成分别。复有何义此成真实？此依他性或成真实，如所分别实不如是有故。复有何义，由此一识成一切种种识相貌？本识识，所余生起识，种种相貌故，复因此相貌生故。”（T31，p. 119c）

笈多共行矩等译《摄大乘论释论》卷4：“论曰：复次云何此等三性？为有异体、为不异？应言非异非不异。此依他性别道理故成依他，别道理故即此成分别，别道理故即此成成就。何等别道理此成依他？依他熏习种子生故成依他。何别道理即此成分别？与分别为因缘相故，即此是分别故。何别道理即此成成就？如所分别毕竟不如是有故。何别道理？于一识体为一切种种识体相貌也。阿梨耶识识体为彼余生起识种种

貌，七转识所熏种造成自识依此相貌生起。

无论“一能变”还“三能变”，诠释依他起性的时候，阿赖耶识作为其他识体的因，七转识以二分显现的方式出现，八识都呈现种种相，依据这些相施设有情及法。此中，阿赖耶识行相幽深难知，如何认知体会?《摄大乘论本》卷2有很重要的一段话：“**若处安立阿赖耶识识为义识，应知此中余一切识是其相识，若意识及所依止是其见识，由彼相识是此见识生缘相故，似义现时能作见识生依止事。如是名为安立诸识成唯识性。**”（T31，p. 139a）显现为相的识（相识）是显现为见的识（见识）生起的缘和依止，阿赖耶识于中充当义识，或说阿赖耶识是其他识作为见识或相识显现的因的识而称为“阿赖耶识识”。①

识本身是不占有空间位置,，也无形状、颜色等相状。如何观察?经论中有不少行文描述阿赖耶识，依据这些描述，意识去构建阿赖耶识，这样理解阿赖耶识在一些情况下是可以的。观察的

相貌，应知为彼缘相生起故。”（T31，p. 288a）

世亲《摄大乘论释》（真谛译本）卷5：“论曰：复有何义由此一识成一切种种识相貌?释曰：此更问复以何道理，唯是一识或成八识或成十一识，故言‘一切’。于一一识中，如眼识分别青黄等差别，有种种识相貌，唯是一识。复是何识?所以更为此问者，前已释异义，此下释不异义，欲显依他性具有三性：一识从种子生，是依他有；种种识相貌是分别：分别实无所有是真实性。论曰：本识识。释曰：一识谓一本识。本识变异为诸识，故言‘识识’。今不论变异为根尘，故但言‘识识’。论曰：所余生起识，种种相貌故。释曰：所余即阿陀那识，生起即六识，变异为七识，即是本识相貌。论曰：复因此相貌生故。释曰：以七识熏习本识为种子，此种子复变异本识为七识，后七识即从前相貌种子生。”（T31，p. 188a–b）

① 此处“义”可以解释为因，无性《摄大乘论释》卷4：“若处安立阿赖耶识识为义识者，义是因义，即是安立阿赖耶识以为因识。”（T31，p. 402b）佛陀扇多译《摄大乘论》卷1：“若有阿犁耶识识，尘识分别安是中，诸余一切识彼念想识，唯意识识同身彼见应知，彼如是唯念想诸识彼见生因故，如尘现相见彼生同依作事成。如是此诸识唯识住事成。”（T31，p. 101c）

时候，需要尽量摆脱这样的理解和构建。观察的着力点是阿赖耶识，是以阿赖耶识为对象（义），尽量消减意识的凭空构建。在阿赖耶识见分、自证分等上寻思，往往只是意识构建。从某种意义上说是空想，与真实观察阿赖耶识并无关联。通常可以通过见识和相识的关系思维阿赖耶识：从阿赖耶识转变了其他识，以这些识作为能相，阿赖耶识就有义识的内涵；在七转识中区分见识和相识，思维意识、第七识等是阿赖耶识的见识，身识等是阿赖耶识的相识。

颂8至9：虚妄分别的三形态（虚妄分别的模式）

［四、虚妄分别的三形态］八

梵文：samāsato ‘bhūtakalpaḥ sa caiṣa trividho mataḥ /
vaipākikas tathā naimittiko 'nyaḥ prātibhāsikaḥ //

藏文世亲本：།ཡང་དག་མ་ཡིན་ཀུན་རྟོག་དེ། །རྣམ་པར་སྨིན་དང་དེ་བཞིན་ནོ། །ངར་འཛིན་གཞན་ནི་སྣང་བ་ཡི། །དེའི་པས་རྣམ་པ་གསུམ་དུའང་འདོད།

藏文龙树本：།ཡང་དག་མ་ཡིན་ཀུན་རྟོག་གང་། །དེ་ནི་བསྡུས་པར་རྣམ་གསུམ་འདོད། །རྣམ་སྨིན་དེ་བཞིན་མཚན་མ་ཅན། །སོ་སོར་སྣང་བ་གཞན་མདོ།

简要而言，此虚妄（*abhūta*）分别被认为有三种，即异熟的、如是有相的，以及显现的。①

九

梵文：prathamo mūlavijñānaṃ tad vipākātmakaṃ yataḥ /

① https://dedu.dila.edu.tw/view/trisvabhavaYao。对于梵藏校勘，姚治华教授在这个网页中有简要说明。

anyaḥ pravṛttivijñānaṃ dṛśyadṛgvittivṛttitaḥ //

藏文世亲本：།དང་པོ་རྣམ་སྨིན་བདག་ཉིད་དེ། །འདི་ནི་རྩ་བའི་རྣམ་ཤེས་ཡིན། །གཞན་ནི་འཇུག་པའི་རྣམ་པར་ཤེས། །བལྟ་བྱ་མཐོང་བྱེད་རྟོགས་པས་འཇུག།

藏文龙树本：།དང་པོའི་རྩ་བའི་རྣམ་ཤེས་ཏེ། །གང་ཕྱིར་རྣམ་སྨིན་བདག་ཉིད་དེ། །འཇུག་པའི་རྣམ་ཤེས་ཡན་ཚུན་མཐོང་། །མཐོང་བྱ་ཡན་ལག་གཉིས་འཇུག་ཕྱིར།

第一是根本识，因为它有异熟的特性。其余［二种］是转识，因为有所见、能见的认知作用。①

八识都被称为“虚妄分别”（依他起性），概括来说，有三种：一、异熟的，由异熟产生；二、如是有相的，主要指虚妄现有能所；②三、显现的，由表象产生或表现，不是幽隐的。此处，有可

---

① https://dedu.dila.edu.tw/view/trisvabhavaYao。对于梵藏校勘，姚治华教授在这个网页中有简要说明。

② *naimittika* 翻译不同，笔者与张晓亮谈及这点，他提出玄奘法师在《俱舍论》中 *naimittika* 有的地方翻译为“因”，有的地方翻译成“若而”。此颂可参其他翻译：

金译：略说执非有，有三种应知：依异熟，依因，余一为照似。

刘译：彼虚妄分别，许亦分三种：异熟与执我，以及了别他。

杨译：要约的说、此虚妄分别，有下列三种，即：异熟、因相、显现。

韩译：由此诸虚妄分别及以异熟、并如是另外显现我执之差别故、许三行相。

印译：要约之，彼虚妄分别许有三种。异熟相、因相及又显现相。

谈译：遍计为虚妄须知三行相异熟与异执以及似显现。

Fernando Tola and Carmen Dragonetti:And this unreal mental creation, in a summary manner, is considered to be three fold: *vaipākika* (produced by maturation), and also *naimittika* (produced by causes) ;the other one is *prātibhāsika* (consisting of representations). (*THE TRISVABHĀVAKĀRIKĀ OF VASUBANDHU*, Journal of Indian Philosophy, Vol. 11, No. 3 SEPTEMBER 1983 , pp.22-23.

Jay L. Garfield: One should think of the illusory nonexistent As threefold:Completely ripened, grasped as other, And as appearance. (*Vasubandhu's Treatise on the Three Natures: A Translation and Commentary*, OXFORD UNIVERSITY PRESS, 2002, p.131)

Stefan Anacker: This construction of that which was not is thought of in brief to be three-fold :as maturational, as having signs, and as flashing appearances. (*Seven Works of Vasubandhu*,Delhi:motitlal banarsidass,1986 p.292)

能“如是有相的”和“显现的”并非依次对应第七识和前六识，二者是前七识（转识）的两个特征。这样，结合后文颂32等来解释，以错乱现有的方式显现，也就是“相”以如是显现不如是有的方式出现，一旦遍知遍计所执及断除〔杂染〕依他起性，相就消失，转识以这个方式有相。显现有相（所分别）可见，也有见（分别）可见，分别基于这二现。能见认知所见就是认知本身或说认知结果，因为认知或说认知的结果就是能见认知了所见。

阿赖耶识被称为“基（根）识”，汉译一般是“根本识”或“本识”，因为它是缘起的基础。阿赖耶识的体性就是异熟识，《显扬圣教论》卷1：“**阿赖耶识者，谓先世所作增长业烦恼为缘，无始时来戏论熏习为因，所生一切种子异熟识为体。**”（T31，p. 480c）[①]然而，由于积集杂染法习气，第八识在《摄大乘论》等中被视为染污，

Fernando Tola and Carmen Dragonetti 貌似没有说明什么因，其论文中对应部分“(2) it is *naimittika*, produced by causes, since the *asatkalpa* belongs to the realm of causality, by opposition to the absolute nature that is beyond causality, that is *animitta* (cf.kārikā 32).” (p.239)

Jay L. Garfield 主要说显现和存在的方式不一致：“Second, and perhaps most paradoxically, since it appears as an object, it appears as other than the self to which it appcars. Here Vasubandhu is emphasizing that even in apperception there is a duality between subject and object:a self that appears to us appears as distinct from the ego to which it appears.”（p.139）

姚教授解释说：如注释中所列各译本，主要有两种译法，一是因或因相，另一是执或执我/我执。后一种译法应该是来自世亲本藏译དེ་བཞིན་དུ། ངར་འཛིན=如是执我，但与梵文 naimittika 相距甚远，此藏译文或另有所本。龙树本藏译为དེ་བཞིན་མཚན་མ་ཅན=如是有相，我依循此译文。当然，naimittika 可以被解释为“因相”，因为 nimitta 兼有“相”及“因”义。但如果对照第32颂“证得则是无相的（animitta）认知”，此处译为“如是有相的”较为合适和简洁。

① 《大乘阿毗达磨集论》卷3：“又异熟者，唯阿赖耶识及相应法，余但异熟生非异熟。”（T31，p. 672b）《成唯识论》卷2：“此是能引诸界趣生善不善业异熟果故，说名异熟。”（T31，p. 7c）

基于此也说法身种子不相应。

基于第八识这个杂染根源，两个特征的转化而有种种相，也就是转变（变现）出种种相，被称为“转识”（转变而现起的识）。这些相掩盖了真实，也障蔽了真实，然而凡夫执为“我”“法”，相以这样的方式出现，也就是所谓“如是有相”。因为转识是依随着过去的熏习，从被认知的以及认知本身（或者说认知结果）产生，认知又产生了熏习，这些熏习导致七个识体发生变化。根本说来就是转识以现有能所的方式出现，尽管没有能取自性和所取自性，能所却现可得，这二种显现被执为如现而有的二取性。

第三节　颂10–21：三自性对立统一

3.1　颂10

［五、三自性的矛盾特性］十

梵文：sadasattvād dvayaikatvāt saṃkleśavyavadānayoḥ /

lakṣaṇābhedataś ceṣṭā svabhāvānāṃ gabhīratā //

藏文世亲本：།ཡོད་དང་མེད་དང་གཉིས་དང་གཅིག །ཀུན་ནས་ཉོན་མོངས་རྣམ་བྱང་དག །མཚན་ཉིད་ཀྱི་ནི་རབ་དབྱེ་བས། །རང་བཞིན་དག་ནི་ཟབ་པར་འདོད།

藏文龙树本：།ཡོད་མེད་ཕྱིར་དང་གཉིས་གཅིག་ཕྱིར། །ཀུན་ནས་ཉོན་མོངས་རྣམ་བྱང་ལ། །མཚན་ཉིད་དབྱེར་མེད་ཕྱིར་ཟབ་ཉིད། །རང་བཞིན་རྣམས་ལ་འདོད་པ་ཡིན།

［三］自性许为甚深，因为它们既存在又不存在、既二分又一体，而且其烦恼、清净的特征了无差别。①

① https://dedu.dila.edu.tw/view/trisvabhavaYao。对于梵藏校勘，姚治华教授在这个网页中有简要说明。

三性的甚深包括存在与非存在、二元性与非二元性、杂染性与清净性的本质的非差异性。此颂从1.有与无，2.二元与非二元，3.杂染与清净的非差异等三个方面概述三性的甚深，后文几个偈颂对这三个方面作出解释。

3.2　颂11至13：三自性有无的统一性

［六、有与无］十一

梵文：sattvena gṛhyate yasmād atyantābhāva eva ca /

svabhāvaḥ kalpitas tena sadasallakṣaṇo mataḥ //

藏文世亲本：།ཡོད་པར་བཟུང་བ་གང་ཡིན་པ། །དེ་ཉིད་ཤིན་ཏུ་མེད་པ་སྟེ། །དེས་ན་བརྟགས་པའི་རང་བཞིན་ཏེ། །ཡོད་དང་མེད་པའི་མཚན་ཉིད་འདོད།

藏文龙树本：།ཤིན་ཏུ་མེད་པ་ཉིད་དག་ནི། །གང་ཕྱིར་ཡོད་པར་འཛིན་པ་ལ། །དེ་ཡིས་ཀུན་བརྟགས་རང་བཞིན་ནི། །ཡོད་དང་མེད་པའི་མཚན་ཉིད་འདོད།

由于遍计所执自性被把握为有，而它又完全不存在，因此，它被认为具备有的特征和无的特征。①

诸法上都可以建立三自性，依据各自所否定的自性建立三无性，类似的建立三种空或三种无我。②这样，成立有什么（存在）

① https://dedu.dila.edu.tw/view/trisvabhavaYao。对于梵藏校勘，姚治华教授在这个网页中有简要说明。

② 《大乘阿毗达磨杂集论》卷6："又有三种空性，谓自性空性、如性空性、真性空性。初依遍计所执自性观，由此自相定非有故。第二依依他起自性观，由此如所计度皆非有故。第三依圆成实自性观，由此即空真性故。"（T31，pp. 720c–721a）《辩中边论》卷2："空有三者，一无性空，谓遍计所执，此无理趣可说为有，由此非有说为空故；二异性空，谓依他起，如妄所执不如是有，非一切种性全无故；三自性空，谓圆成实，二空所显为自性故。无我三者，一无相无我，谓遍计所执，此相本无故名无相，即此无相说为无我；二异相无我，谓依他起，此相虽有而不如彼遍计所执故名

没有什么（不存在）以及如何有（有自性）如何无（无自性）。

遍计所执性可以说为有（*sat*），也可以说为无（*asat*），因为它只是被分别心认为存在，实际根本不存在。如果说遍计所执性存在，仅仅在观感中存在，然而并没有二取性（遍计所执自性自身、遍计所执自性性），所以说是无；虽无却在妄识中被表现为有，所以是妄现为有。这样，从有无两个层面能了解此性甚深。无论观察者是否认知到，实际情况就是这样的有和无。

这部论有提及遍计所执性的无自性，此颂显示此种无自性所否定的自性就是观感中显现为有的遍计所执自性自身的体性，就是以自相安住的二取体性，不过并没有提到"相无自性"这个词。

"相无自性"是对遍计所执性上的无自性典型表述。按照这个表述，遍计所执性上所无的东西，是以自相安住的二取体性，被否定的自性就是观感中如所显现安住的体性。遍计所执性本就没有自体自相，心识中显现的遍计所执性的显像，仅仅是心识的构建（臆造）而已，严格说起来那显像并非遍计所执性具有的相，遍计所执性理应无法被认知及没有任何体相可被呈现。根本三真实中有遍计所执性，原因是遍计所执性的确被乱识妄现为有，乱识在法上增益安立了遍计所执性，于此可说法在观感中有遍计所执性，彼体性这样被把握为有。遍计所执性在虚妄分别中现似为有，实际并非妄现的体相那般的存在，充其量说为"假有"，依此安立遍计所执性是相无自性。

异相，即此异相说为无我；三自相无我，谓圆实成，无我所显以为自相，即此自相说为无我。"（T31，p. 469a–b）

十二

梵文：vidyate bhrāntibhāvena yathākhyānaṃ na vidyate / paratantro yatas tena sadasallakṣaṇo mataḥ //

藏文世亲本：།འཁྲུལ་པའི་ངོ་བོར་ཡོད་པ་དང་། །ཇི་ལྟར་སྣང་བཞིན་མེད་པ་སྟེ། །དེས་ན་གཞན་གྱི་དབང་དེ་ཡང་། །ཡོད་དང་མེད་པའི་མཚན་ཉིད་འདོད།

藏文龙树本：།འཁྲུལ་པའི་དངོས་པོས་ཡོད་པ་ལ། །ཇི་བཞིན་སྣང་བ་ཡོད་མ་ཡིན། །གང་ཕྱིར་གཞན་དབང་དེ་ཡིས་ནི། །ཡོད་མེད་མཚན་ཉིད་པར་འདོད་དོ།

由于依他起［自性］以错乱体性而存在，其所显现的形态却不存在，因此，它被认为具备有的特征和无的特征。

依他起性被说成具有存在和不存在的特性，因为它作为一种幻相（*bhrānti*）而存在，所呈现的并不是事物的真实形态。言下之意，虚妄分别识是以颠倒的原因而出现，不是心识本然的或说应该的情况，而心识有一个本然的情况，也就是应该的情况。①

依他起性的体性（自性）分为真、俗二种，也就是有胜义离言法性（真谛体）和世俗离言法性（俗谛体）。概说，依他起性是以遍计所执的色等没有自性所显的离言法性作为它的自性。虚妄分别（三界心心所）也是如此，并且颠倒带有能、所二现，原因归结到根本识上，根本识如同咒术，使得能所被错乱显现，依于这个本不该出现的二取相，执著有二取性，如同依于象相执著有象身。一旦消解了根本识具有的“咒力”影响，即虚妄分别的习气消磨掉，根本识就不再作祟，就达到“无相”（无显现）。

对此，我们参照“**彼复，所取及能执二也。虽无二，由习气之力生为显现为二也。彼者，依赖因缘故，依他起之体性也。抑**

---

① 这里貌似可以与“不守自性”之类的思想沟通，当然即使沟通，也有三性的限定。不谈三性或者说不受三性限制的本觉思想是不会得到此论支持的。

或所谓‘他’者，作为行相”。[①]虽然没有能取所取，但是由于无始劫以来的二取习气增上之力令二取显现。这种现为二取，依赖因缘（二取习气增上之力）而生为依他起性。或者，“依他起”的“他”是行相，以行相为缘而出现。

“其所显现的形态却不存在”是指不能以自心识内颠倒或错误的相成立为有，遍计所执现似为有而实无，依他起性现似为真而实假。颠倒或错误的相存在，肯定其存在性在某个层面上并没有太大意义。就好像承认有梦境又如何，改变不了黄粱一梦所梦到的一切实际都不存在的情况；或者我们再用如幻来类比说明，识境如幻意味着能所并不是真实形态显现，具有所显现形态的识和境并不存在，就如同那大象及形态不存在，只是相虚妄显现。

这部论有提及依他起性的无自性，此颂显示这种无自性所否定的自性就是被二取习气染污而表现的形态也就是如现而有的体性，实际是强调如性空，明显没有提到“生无自性”这个词。

“生无自性”是对依他起性上的无自性的典型表述，按照这个表述，依他起性上所无的体性（自性），就是生无自性性所否定的非缘起的体性，非缘起的体性通常说为自然有，也有说为无因及不平等因而成，若干典籍中重点表述为“自然有”。“自然有”具有从自方而有的意味，也就是自己是自己存在的原因，自己决定自己的存在，前文称为“依自起性”。依他起性上又以不显现不可得建立非胜义存在，因为依他起性在根本智前不显现，依他起性不是根本智的所行境（非清净所缘）。在胜义中无显现者，除了所遮法我的显像，还有依他起性世俗谛相。依他起性不在胜义谛中

① 宝藏寂：《中观庄严优波提舍（中观庄严口诀论）》，法光法师由藏文转译为汉文。

安立，或可说胜义谛是无世俗显现所显之空。

安立依他起性有自性，但没有所遮自性主要有三个原因。一则，生无自性所否定的自性是非缘起的体性，没有由自体之生和由自体之灭。二则，遍计所执是依他起性上增益安立，依他起性所无的自性是遍计所执性。三则，依他起性没有胜义自性（胜义自性无），不是根本智之清净所缘，依他起性自性所无自性是胜义自性。这样，依他起性所不具有的自性，是相无自性所无之自性，是生无自性所无之自性，是堪为根本智自境胜义性。这三种自性并非都是所遮的自性，因为非是所遮之自性又是依他起性所无的自性的情况，源于依他起性不是胜义谛。这并不等同于依他起法没有胜义谛体，而是指不能将依他起性安立为圆成实性或遍计所执性。如此，是依生无自性及胜义无自性乃至无遍计所执性，而宣说依他起性无自性。

十三

梵文：advayatvena yac cāsti dvayasyābhāva eva ca /

svabhāvas tena niṣpannaḥ sadasallakṣaṇo mataḥ //

藏文世亲本：།གང་ཕྱིར་གཉིས་པོ་མེད་པ་དང་། །གཉིས་སུ་མེད་པར་ཡོད་པ་སྟེ། །དེས་ན་ཡོངས་སུ་གྲུབ་རང་བཞིན། །ཡོད་དང་མེད་པའི་མཚན་ཉིད་འདོད།

藏文龙树本：།གང་གིས་གཉིས་མེད་ཉིད་ཏུ་ཡོད། །གཉིས་ཀྱི་དངོས་པོ་མེད་པ་ཉིད། །དེ་ཡིས་ཡོངས་གྲུབ་རང་བཞིན་ནི། །ཡོད་མེད་མཚན་ཉིད་འདོད་པ་ཡིན།

由于圆成实自性以不二性而存在，却是二分的不存在，因此，它被认为具备有的特征和无的特征。[①]

---

① https://dedu.dila.edu.tw/view/trisvabhavaYao。对于梵藏校勘，姚治华教授在这个网页中有简要说明。

圆成实性是诸法真如，作为所遮遍计所执自性不存在所显的胜义无自性，是无戏论的实相，是非增益安立亦非损减安立的胜义离言自性。圆成实性被说成具有存在和不存在的特征，因为它是不二的本性，是二取性的不存在。圆成实性的有，是作为二取空这个空性存在，或者说作为胜义无自性性存在；圆成实性上的无，是因为没有二取性，二取性是圆成实性上所无的东西。

"以不二性而存在"是指圆成实性这种存在，不分化为二取体性，也不显现为二取相，它是观择胜义的如所有智（根本无分别智）的所行境（自境）。胜义谛可以参照《瑜伽师地论》卷75理解："**复次胜义谛有五种相。一、离名言相。二、无二相。三、超过寻思所行相。四、超过诸法一异性相。五、遍一切一味相。**"（T30，p. 713c）之所以证胜义谛的心智无分别，可以参照《瑜伽师地论》卷74理解："**云何当知无分别慧？答：于所缘境离加行故。此所缘境，离有无相诸法真如，即此亦是离诸分别。由先势力所引发故，虽离加行，若于真如，等持相应妙慧生时，于所缘相能现照取，是故此慧名无分别。**"（T30，p. 706c）

"无二"（不二）的一种解释，是强调超越名言所显的有为和无为，是真正离言的离言法性。[①]然而此处的"不二"是强调真如的自相，并没有依遍二性，也并非真如不存在。可以参阅《入楞伽经》卷7一处经文："**复次，大慧！菩萨摩诃萨依正智，不取名相法以为有，不取不见相以为无。何以故？以离有无邪见故，以不见名相是正智义，是故我说名为真如。**"（T16，p. 557c）此中，

---

① 《解深密经》卷1："云何为无二？解甚深义密意菩萨告如理请问菩萨曰：善男子！一切法者略有二种。一者有为，二者无为。是中，有为非有为非无为，无为亦非无为非有为。"（T16, p. 688c）

"名相法"包含依遍二性，"不见相"是圆成实性。

我们也可以参照《显扬圣教论》卷15："**空自相者非定有无。非定有者，谓于诸行中，众生自性及法自性毕竟无所有故。非定无者，谓于此中，众生无我及法无我有实性故。**"（T31，p. 553b）人我及法我无所有，二我许为非有；二无我显示了法尔如是之实性，人无我性及法无性许为非无；空自相此般非有非无，即是非定有、定无（离有、无相）。

关于真性空性（真如、胜义谛、圆成实性），从根本智的所行境角度可以有效地界定。证空性时非无心位，心智也不是无自境。真如的确现于根本智的自境中，在根本智决定真如之决定前成立为有，根本智的确持着真如（真性空性、圆成实性）。

依他起性虽不为根本智所见，但可为后得智见，不能许依他起性为毕竟无，这并不意味着杂染依他起性不是所断。若有违于此，则不是唯识学的正义。关于"依遍二性是空，此空所显是圆成实性"，若是主张证圆成实性要除遣依他起性及遮破遍计所执性，的确是根本唯识的正义。《瑜伽师地论》卷74明文支持："**问：'若观行者如实悟入遍计所执自性时，当言随入何等自性？'答：'圆成实自性。'问：'若观行者随入圆成实自性时，当言除遣何等自性？'答：'依他起自性。'**"（T30，p.705b）观择法的言说自性无所得的时候，由于真如作意而住于圆成实性觉。由于真如中不能安立依他起性，所以不会观察言说自性所依的依他起性。

这里有一个可能的意思：圆成实性指向不带有能（能取相）所（所取相）的心识，也就是泯灭能所二现的心识，然而唯识学上对"圆成实性"一般不取这样的含义，因为这样的心智本身是依他起性，由于无颠倒的缘故，完全可以取名为"无颠倒圆成实性”。《辩中边论》安立了“无变异圆成实”及“〔于境〕无颠倒圆成实”，胜义谛是圆成实性的原因是无为法没有变异，根本智是圆成实性的原因是如实证知胜义谛。[①]对于“〔于境〕无颠倒圆成实”，这种心智的胜义谛“无变异圆成实”。

这部论有提及圆成实性的无自性，此颂显示这种无自性所否定的自性就是被确立为不存在而妄现的“二分”，不过并没有提到“胜义无自性”这个词。

“胜义无自性性”是对圆成实性上的无自性的典型表述。按照这个表述，圆成实性的体性（自性），就是圆成实性是胜义及无戏论所显，圆成实性中不存在的体性（自性）自然是世俗及戏论体性。概说所无的体性（自性），有三种：唯依名言之力而假有的戏论体性、非缘起的体性及胜义谛中存在的体性。分别心构建出这三种自性，三者应统一视为遍计所执性。欲认知离言胜义，需遮破戏论体性。某种意义上，戏论体性也是生无自性所否定的体性。依他起性上无言说自性，即是不以戏论体性而存在，否则即非缘生。遍依二性都不于胜义谛中存在，由于二性自身情况，一者是遮破的对象，一者是泯没的对象，主要依于无前者安立圆成实性。很多语境中，聚焦于遍计所执性是外境有，当然不仅仅是这个方面。

复有诸法圆成实相，亦名胜义无自性性。何以故？一切诸法法无我性名为胜义，亦得名为无自性性。是一切法胜义谛故，无

---

① 玄奘译本：“依本一无变，无倒二圆实。……此圆成实总有二种，无为、有为有差别故。无为总摄真如涅槃，无变异故名圆成实。有为总摄一切圣道，于境无倒故亦名圆成实。”（《辩中边论》卷2，T31，p. 469b–c）真谛译本：“无变异无倒，成就二真实。无为法者，无变异成就，得入真实性摄。一切有为法，道所摄无颠倒成就故，境界品类中无颠倒故。”（《中边分别论》卷1，T31，p. 456b）

自性性之所显故。由此因缘，名为胜义无自性性。[①]

圆成实自性是“胜义故及无戏论性”，所以说为“胜义无性”。圆成实性不是架设在〔不存在的〕遍计所执性上，而是架设在胜义谛（实相）上；虽然言语表述上多用无遮显示，比如用“二取空”“法无我”，彼“无我所显以为自相，即此自相说为无我。”[②]然而，“无”不可能作为胜义。

若言“色等世俗无性即是色等胜义之性”，与理相违，所以者何？夫胜义者，分别戏论所不能及，岂得以“无”为其自性？若以“无性”为自性者，应类余“无”，不名胜义，应不能证无上菩提，则违自宗成大过失。[③]

色等法的胜义是世俗体性（自性）不存在（世俗无性），这不合理，胜义谛并不是指向世俗谛体之无。世俗谛的无并不是胜义谛，不能以胜义谛拨无世俗谛。对于似色等显现的依他起识，如所显现及增益安立的色等体性根本不在“谛依处”上存在，从这个角度说无。依他起识的确显现为似色等，从这个角度说有及如幻。另一方面，无论遍计所执性还是依他起性，都在胜义谛中不显现，从这个角度也说为空，当然遍依二性不显现的原因并不相同。仅就胜义而言，不可说为有也不可说为无。

---

① 《解深密经》卷2，T16，p. 694a–b。

② 《辩中边论》卷2：“三自相无我，谓圆实成，无我所显以为自相，即此自相说为无我。”（T31，p. 469b）

③ 《大乘广百论释论》卷10，T30，p. 248b。

3.3　颂 14 至 16：三自性“二”的统一性

［七、二分与一体］十四

梵文：dvaividhyāt kalpitārthasya tadasattvaikabhāvataḥ / svabhāvaḥ kalpito bālair dvayaikatvātmako mataḥ //

藏文世亲本：།བརྟགས་པའི་དོན་གྱི་རྣམ་གཉིས་ཏེ། །ཡོད་དང་མེད་པར་ངོ་བོ་གཅིག། །དེས་ན་བྱིས་པས་བརྟགས་རང་བཞིན། །གཉིས་དང་གཅིག་གི་བདག་ཉིད་འདོད།

藏文龙树本：།བརྟགས་པའི་དོན་ལ་རྣམ་གཉིས་ཕྱིར། །དེ་ཡོད་མ་ཡིན་དངོས་གཅིག་ཕྱིར། །ཀུན་བརྟགས་རང་བཞིན་བྱིས་པ་རྣམས། །གཉིས་སྣང་གཅིག་གིས་བདག་ཉིད་འདོད།

愚夫的遍计所执自性，被认为有二分和一体的特性。［二分］是由于所分别的对象为二分，［一体］是由于此［二分］不存在而为一体。①

愚夫观感中的遍计所执性被说成是双重的和单一的。因为遍计所执性在虚妄分别中妄现有二取性，也正是因为二取性不存在，仅仅被妄现为有，以这样的存在方式而说为是单一的。换言之，遍计所执性在虚妄分别中既表现为能取的主体，也表现为所取的对象，这种能、所二元对立的特性，实则源于同一虚妄分别，即依他起性，虚妄分别也由此表现为似二取性显现。

分别心所安立的事物按照名言限定方式（想象中的方式）存在，对于其实际情况来说并不是以它所表现的方式存在。它是妄现为有的，以二分现有的方式，实无所有。这样，遍计所执性由于在心中显现为与存在方式不符合（一致）的样子，具有存在和不存在的矛盾对立的属性。在这个意义上，分别心所安立的事物的存

① https://dedu.dila.edu.tw/view/trisvabhavaYao。对于梵藏校勘，姚治华教授在这个网页中有简要说明。

在方式和不存在方式是相同的，并且是不二的。这类事物并无二取体性，却被呈现出反映彼体性的能所，在无智的意识中被能所双重地体验，在理智的反思中被体验为是无二的。

十五

梵文：prakhyānād dvayabhāvena bhrāntimātraikabhāvataḥ / svabhāvaḥ paratantrākhyo dvayaikatvātmako mataḥ //

藏文世亲本：།སྣང་བའི་ཆ་ཡིས་གཉིས་ཡིན་ལ། །འཁྲུལ་པ་ཙམ་དངོས་གཅིག་ཡིན་པས། །གཞན་དབང་ཞེས་བྱའི་རང་བཞིན་ཡང་། །གཉིས་དང་གཅིག་གི་བདག་ཉིད་འདོད།

藏文龙树本：།གཉིས་ཀྱི་དངོས་པོ་སྣང་ཕྱིར་དང་། །འཁྲུལ་པ་ཙམ་གྱིས་དངོས་གཅིག་ཕྱིར། །གཞན་དབང་ཞེས་བྱའི་རང་བཞིན་ནི། །གཉིས་དང་གཅིག་གི་བདག་ཉིད་འདོད།

称为依他起的自性，被认为有二分和一体的特性。[二分] 是由于它以二分的方式显现，[一体] 是由于它唯是错乱而为一体。[①]

当心识显现遍计所执或者说得遍计所执，所显现的行相（遍计所执性的影像）是依他起性。依他起性既是二元又是一元，因为它以显现出能取相和所取相这样的方式存在，而它作为纯粹的表象（*bhrāntimātra*）的存在是单一的，就只是显现乱相的识。

“二”是说：它以显现出能取相和所取相这样的方式存在，简单说就是显现能所二者。“一”是说：它就是一个迷乱识。对于依他起性的这个限定就是指眼等虚妄分别识体，以带有能所二分的方式出现，也就是现为所谓的识及现为所谓的境。换言之，识境二者是一体的，都是依他起性的组成部分。按照本论的立场，依他起性显现能所的原因是根本识确切说是遍计所执名言习气，识

① https://dedu.dila.edu.tw/view/trisvabhavaYao。对于梵藏校勘，姚治华教授在这个网页中有简要说明。

境二者中无论识还是境都是遍计所执性的影像。总之，依他起性表现遍计所执性，把遍计所执性虚妄现似为有。依他起性上这样的一和二，可参《大乘经庄严论》“无体体无二”等颂。

十六

梵文：dvayabhāvasvabhāvatvād advayaikasvabhāvataḥ /
svabhāvaḥ pariniṣpanno dvayaikatvātmako mataḥ //

藏文世亲本：།གཉིས་ཀྱི་ངོ་བོའི་རང་བཞིན་ཉིད། །གཉིས་སུ་མེད་པར་གཅིག་སྒྱུར་པས། ཡོངས་སུ་གྲུབ་པའི་རང་བཞིན་ཡང་། །གཉིས་དང་གཅིག་གི་བདག་ཉིད་འདོད།

藏文龙树本：།གང་གིས་གཉིས་མེད་ཉིད་ཙ་ཡོད། །གཉིས་ཀྱི་དངོས་པོས་མེད་པ་ཉིད། །དེ་ཡིས་ཡོངས་གྲུབ་རང་བཞིན་ནི། །གཉིས་དང་གཅིག་གི་བདག་གཉིས་འདོད།

圆成实自性被认为有二分和一体的特性。[二分] 是由于它的自性为二分的体性（*bhāva*），[一体]是由于其唯一的自性为不二。[①]

16.a有些费解，如果是讲“二无自性故”，就是指二取性不存在，这就对应二取空，就是圆成性上的“二”和“一”的统一。换言之，如果16.a翻译成“二无自性故 ”，可以理解为：能取性和所取性都无自性，此中“二”指二取遍计所执性，意思就是没有遍计所执性的二取。这容易解释，整个颂的意思也前后一贯。然而，有英译用“dual”就是相反的意思，要有两个体性。最糟糕的情况就是梵本的问题，因为这个颂后面总结为“ it is essentially a single nonduality”或“its only nature is non-duality”，这是在讲一个非二元性的圆成实性。那么，此中所否定的二元性，应该是二取性。

我们结合《辩中边论颂》“**无二有无故，非有亦非无，非异亦**

---

① https://dedu.dila.edu.tw/view/trisvabhavaYao。对于梵藏校勘，姚治华教授在这个网页中有简要说明。

非一，是说为空相”（T31，p. 478a）来理解的话，按照世亲论师的解释：“**无二，谓无所取能取。有无，谓有二取之无。此即显空无性为性，故此空相非有非无。云何非有？无二有故。云何非无？有二无故。此显空相非有非无。此空与彼虚妄分别非异非一，若异应成法性异法，便违正理，如苦等性；若一则应非净智境亦非共相。此即显空与妄分别离一异相。**”（《辩中边论》卷1，T31，p. 465c）圆成实性是无自性所显的胜义自性，所以是非无或说“有”；由于没有二取性，所以是非有或说“无”。这样，圆成实性是非有非无，又与依他起性非一非异。

如果圆成实性有二分体性，笔者所能想到的二体性，目前只有胜义和无自性，圆成实性以这二者为体性。换言之，16.a 如果是说“二体之自性”（二分）是由于它的自性为二分的体性（*bhāva*），就是以胜义性和无自性性为体，[①]圆成实性作为法无我所显的离戏论真性空性，胜义性和无自性性就成为一体。主要依据是《解深密经》卷2：“**复有诸法圆成实相，亦名胜义无自性性。何以故？一切诸法法无我性名为胜义，亦得名为无自性性，是一切法胜义谛故，无自性性之所显故。由此因缘，名为胜义无自性性。**”（T16，p. 694a-b）

对此，另一个可能的解释：无遍计所执性对应一个真实，无依他起性（分别心泯灭）对应一个真实，圆成实性以这两个真实所显的空性为体性，其实还是不外乎胜义及无自性（无戏论体）。

---

① 《显扬圣教论》卷16：“圆成实自性，由胜义无性故说为无性。何以故？由此自性即是胜义亦是无性，由无戏论我法性故。是故圆成实自性，是胜义故及无戏论性故，说为胜义无性应知。”（T31，p. 559b）

3.4　颂十七至二十一：三自性的非异

［八、三自性间的等同］十七

梵文：kalpitaḥ paratantraś ca jñeyaṃ saṃkleśalakṣaṇam /

parinișpanna iṣṭas tu vyavadānasya lakṣaṇam //

藏文世亲本：།བརྟགས་དང་གཞན་གྱི་དབང་དག་ནི། །ཤེས་བྱ་ཀུན་ཉོན་མོངས་མཚན་ཉིད། །ཡོངས་སུ་གྲུབ་པ་རྣམ་བྱང་གི །མཚན་ཉིད་དུ་ནི་འདོད་པ་ཡིན།

藏文龙树本：།ཀུན་བརྟགས་དང་ནི་གཞན་གྱི་དབང་། །ཉོན་མོངས་མཚན་ཉིད་ཤེས་པར་བྱ། །རྣམ་པར་བྱང་བའི་མཚན་ཉིད་ནི། །ཡོངས་སུ་གྲུབ་པར་འདོད་པ་ཡིན།

应知遍计所执与依他起均以烦恼为特征，然而圆成实却许为以清净为特征。[①]

遍依圆三性明显不同，然而从某些点可以讲非异（相同）。本论的依他起性偏于杂染，遍依二性都处于二障造成的染污世俗层次。圆成实性是诸法的法性，属于胜义层次。前者代表了被无始二障困扰的心显现的低劣行相及对这类行相的执著，毫无疑问低劣行相障蔽真实，其就是颠倒或错误显现；这个意义上说，“依他起相有而不真”[②]。心识非常擅长自我蒙蔽（欺骗），执著心在此基

---

① https://dedu.dila.edu.tw/view/trisvabhavaYao。对于梵藏校勘，姚治华教授在这个网页中有简要说明。

② 《转识论》：“能分别正是烦恼体，亦有而不真实，是依他性。”（T31，p. 63a）《辩中边论》卷2：“颂曰：许于三自性，唯一常非有，一有而不真，一有无真实。论曰：即于如是三自性中：遍计所执相常非有。唯常非有，于此性中许为真实，无颠倒故。依他起相有而不真。唯有非真，于依他起许为真实，有乱性故。圆成实相亦有非有。唯有非有，于此性中许为真实，有空性故。”（T31，p. 468c）《经论讲要（上）》卷11：“心之依他性，以有乱识，为空性所依故，有而不实。……依他则为因缘生法，由习气故而有乱识显现似人法能所等境，以为迷惑生起之因。由彼为染净缚解所依故是有，由彼乱识应断应灭故非真（真则不应灭也）。”（LC07，p. 347a）

础上错上加错，执著法的真实情况就是如心识显现的那般，这又熏生二取习气，从而在染污缘起中形成恶性循环。在这个循环中，心识持续维持着对证悟圆成实性的无勘任性。

圆成实性作为法尔如是的胜义实相，自性清净，对于染净依他起性都是如此。证悟此圆成实性，一方面，心识必须不再显现的低劣行相，障蔽见圆成实性的相不再出现。另一方面，心识必须转化为有能力证悟圆成实性的状态，也就是需要出现具有堪能性的心识。不难理解，这样的心识当然是出世间清净智，圆成实性必然是清净所缘。这样，可从修道论体会三性的染净。

十八

梵文：asaddvayasvabhāvatvāt tadabhāvasvabhāvataḥ /

svabhāvāt kalpitāj jñeyo niṣpanno 'bhinnalakṣaṇaḥ //

藏文世亲本：།མི་བདེན་གཉིས་པོའི་རང་བཞིན་དེ། །དངོས་མེད་རང་བཞིན་ཉིད་ཡིན་པས། །བརྟགས་པའི་རང་བཞིན་ཤེས་བྱ་ལས། །གྲུབ་པའི་མཚན་ཉིད་གཞན་མ་ཡིན།

藏文龙树本：།གཉིས་ཀྱི་རང་བཞིན་མེད་ཕྱིར་དང་། །དེ་མེད་པ་ཡི་རང་བཞིན་ཕྱིར། །རང་བཞིན་ཡོངས་གྲུབ་ཀུན་བརྟགས་ལས། །དབྱེར་མེད་མཚན་ཉིད་ཤེས་པར་བྱ།

应知圆成实不异于遍计所执自性，因为［遍计所执自性］以不真实（*asad*）的二分为自性，而［圆成实自性］以此［二分］之无为自性。①

颂18讲圆成实性本质与遍计所执性本质无异。遍计所执性本质上是二元的，从它是虚妄分别心构建的角度来看，这种二取性事实上并不存在。这种二取性正是遍计所执性的本质，圆成实性

---

① https://dedu.dila.edu.tw/view/trisvabhavaYao。对于梵藏校勘，姚治华教授在这个网页中有简要说明。

由二取空彰显。所以，圆成实性应被理解为与遍计所执性无异。由于遍计所执性本质上是不真实的二取性，从本质上来说是二取性不存在，仅仅作为被增益出来的事物，在心中现似为有，是假有的存在。圆成实性本质上是此二取性的不存在（无所有性）。唯识典籍明确说：二取是遍计所执性，圆成实性就是二取空。这样，遍圆二性本质上就可以说无异。

十九

梵文：advayatvasvabhāvatvād dvayābhāvasvabhāvataḥ /

niṣpannāt kalpitaś caiva vijñeyo 'bhinnalakṣaṇaḥ //

藏文世亲本：།གཉིས་མེད་པ་ཡི་རང་བཞིན་ཉིད། །གཉིས་པོ་མེད་པའི་རང་བཞིན་པས། །ཡོངས་སུ་གྲུབ་ལས་བརྟགས་པ་ཡི། །མཚན་ཉིད་གཞན་མིན་ཤེས་པར་བྱ།

藏文龙树本：།གཉིས་མེད་རང་བཞིན་ཉིད་ཕྱིར་དང་། །གཉིས་ནི་མེད་པའི་རང་བཞིན་ཕྱིར། །ཡོངས་སུ་གྲུབ་ལས་ཀུན་བརྟགས་ཀྱང་། །མཚན་ཉིད་ཐ་མི་དད་ཅེས་བྱ།

应知遍计所执不异于圆成实，因为［圆成实自性］以不二为自性，而［遍计所执自性］以二分之无为自性。①

颂19讲遍计所执性本质与圆成实性本质无异。遍计所执性应被理解为与圆成实性无异，因为圆成实性在本质上是没有二取性，由二取性的空分彰显，即是以无二取为自体，而遍计所执性在本质上是该二取性的不存在（无所有），或者说以二取根本不存在为本性。遍计所执性本来不具有二取性，二取性根本不存在，却在心中有二取性显现，这就很好地说明遍计所执性的本质。

① https://dedu.dila.edu.tw/view/trisvabhavaYao。对于梵藏校勘，姚治华教授在这个网页中有简要说明。

二十

梵文：yathākhyānam asadbhāvāt tathāsattvasvabhāvataḥ /

svabhāvāt paratantrākhyān niṣpanno 'bhinnalakṣaṇaḥ //

藏文世亲本：།བདེན་མིན་ཇི་ལྟར་སྣང་གྱུར་པ། །དེ་ལྟར་མེད་པའི་རང་བཞིན་པས། །གཞན་དབང་ཞེས་བྱའི་རང་བཞིན་ལས། །ཡོངས་གྲུབ་མཚན་ཉིད་ཐ་དད་མིན།

藏文龙树本：།ཇི་ལྟར་སྣང་བ་མེད་ཕྱིར་དང་། །དེ་བཞིན་མེད་པའི་རང་བཞིན་ཕྱིར། །ཡོངས་གྲུབ་གཞན་དབང་རང་བཞིན་ལས། །ཐ་མི་དད་པའི་མཚན་ཉིད་ཡིན།

圆成实不异于称作“依他起自性”者，因为［依他起自性］所显现的形态不真实（*asadbhāva*），而［圆成实自性］的自性是［所显现］的形态不存在（*asattva*）。[①]

颂20讲圆成实性本质与依他起性本质无异。圆成实性与依他起性无异，因为依他起性的存在方式与它的显现方式不同，错乱显现的相并不真实，并非如其显现而有（如所显现非如是有），说为“如性空”或“异性空”。就心识的本然状态来讲，错乱显现的相本不应该具有，也不应该出现。圆成实性本质上是彼显现的不存在（无所有性），不具有也不会表现为能所二元性，也就是说心识泯灭能所二现（不带有能取相和所取相），错乱显现的相不显现。当心识泯灭能所二现（不带有能取相和所取相），也就意味着以识为体（性）的法的显相消失，换言之，不再表现为犹如能取、所取，遍计所执自性相无所表现，不真实的显现统统消失。

二十一

梵文：asaddvayasvabhāvatvād yathākhyānāsvabhāvataḥ /

---

① https://dedu.dila.edu.tw/view/trisvabhavaYao。对于梵藏校勘，姚治华教授在这个网页中有简要说明。

niṣpannāt paratantro 'pi vijñeyo 'bhinnalakṣaṇaḥ //

藏文世亲本：།ཡང་དག་མིན་པ་གཉིས་རང་བཞིན། །ཇི་ལྟར་སྣང་བའི་དངོས་མེད་པས། །ཡོངས་གྲུབ་ལས་ཀྱང་གཞན་དབང་གི །མཚན་ཉིད་ཐ་དད་མིན་ཞེས་བྱ།

藏文龙树本：།གཉིས་མེད་རང་བཞིན་ཉིད་ཕྱིར་དང་། །ཇི་བཞིན་སྣང་བ་དངོས་མེད་ཕྱིར། །ཡོངས་སུ་གྲུབ་ལས་གཞན་དབང་ཡང་། །དབྱེར་མེད་མཚན་ཉིད་ཤེས་པར་བྱ།

应知依他起也不异于圆成实，因为［圆成实自性］以二分之无（*asad*）为自性，而［依他起自性］不以所显现的形态为自性。[①]

在《解深密经》中，诸行（依他起）与胜义谛（圆成实）的关系说为不是完全同体（一向一）也不是完全异体（一向异）。本论颂21提出依他起性本质与圆成实性本质无异。依他起性应被理解为与圆成实性无异，因为圆成实性本质上是某种空分，这种空分表现为依他起性上的能所二元性不存在的“有”。依他起性缺乏如它所显现的存在的本质，也就是说，依他起性上没有如现而有的能取和所取，二取以虚妄显现的相实际不存在的方式而出现。能所二现之所以称为“不如实”是因为错乱而有，譬如由于咒力错乱而有的大象的相。对此，我们也可以结合绳蛇喻来说明。绳显现为蛇（绳犹如蛇显现）的情况中，所显现的蛇相不属于绳，因为绳子本就不是蛇，当然不具有蛇的样子，蛇相也不属于如所妄执的蛇，因为彼蛇本就不存在，自然不具有蛇的样子。蛇相不属于绳和蛇，但是它反映（表现）被妄执的蛇而非绳，归根结底绳显现为蛇而非显现为绳。这样，依他起性不具有它显现的遍计所执性的相，遍计所执性也不具有依他起性所显现的遍计所执性的相，然而依他起性就是显现出了彼相，彼相是对遍计所执性的

---

① https://dedu.dila.edu.tw/view/trisvabhavaYao。对于梵藏校勘，姚治华教授在这个网页中有简要说明。

反映，也是表现遍计所执性。遍计所执不具有的相被显现出来，依他起性同时显现为犹如遍计所执，依他起性的相就没有如实显现，相并不表现依他起性，所以依他起性不以显现的形态为自性。这样建立“异性空”（如性空），‘异性空’谓依他起如妄所执不如是有，非一切种性全无故。”（《辩中边论》卷2，T31，p. 469a）

结合如所妄执的蛇不存在等同于如所显现的绳不存在，不难理解如所妄执的遍计所执性不存在等同于如所显现的依他起性不存在。依他起性有因及缘作为存在依据，显现本就说明必然有能显现的识，所以依他起性不是如石女儿般一切种性全无（毕竟无）。“如妄所执”意味着依他起性所显现的相如实表现（反映）依他起性，是依他起性真实具有的相，依他起性在体及相上与所显现那般一模一样。如果这般如现而有，意味着依他起性因为显现为犹如所取以及能取，而真的变成了二取遍计所执性、同时二取遍计所执性也能够以自相安住。这当然不合理，“不如妄所执”是合理的。这时，我们再联系“异性空”（如性空），发现其沟通了圆成实性，这样可以理解依他起性不异于圆成实性。

第四节　颂22至26：分层次地介绍三性

［九、三自性间的差异］二十二

梵文：kramabhedaḥ svabhāvānāṃ vyavahārādhikārataḥ /

tatpraveśādhikārāc ca vyutpattyarthaṃ vidhīyate //

藏文世亲本：།ཐ་སྙད་ལ་ནི་བསྙོས་པ་ཡི། །རང་བཞིན་དབྱེ་བའི་གོ་རིམས་དང་། །དེ་ལ་འཇུག་པའི་དབང་བྱས་པའི། །རྟོགས་པའི་རིམ་པ་བཞིན་དུ་བརྗོད།

藏文龙树本：།ཐ་སྙད་གཙོ་བོར་བྱས་ཕྱིར་དང་། །དེ་འཇུག་གཙོ་བོར་བྱས་པའི་ཕྱིར། །རིམ་པའི་དབྱེ་བའི་རང་བཞིན་

གྱི། །རྟོགས་པའི་ཆེད་དུ་བརྗོད་པ་ཡིན།

为了理解［三自性］，依于言说［谛］，并且依于对此［三自性］的悟入，将［三种］自性的差别依次说明［如下］。[①]

根据自性的不同（特性），依据人们的认知习惯（施设名言的惯性）以及为了证入，从这些角度宣说三自性的特定次第。按照惯例，三性是以遍依圆这样的顺序说明，[②]并以此为基础，以特定的顺序悟入。这些情况于下文说明。

二十三

梵文：kalpito vyavahārātmā vyavahartrātmako 'paraḥ /

vyavahārasamucchedasvabhāvaś cānya iṣyate //

藏文世亲本：།ཀུན་བརྟགས་ཐ་སྙད་བདག་ཉིད་དེ། །ཐ་སྙད་འདོགས་པ་གཞན་བདག་ཉིད། །ཐ་སྙད་ཡོངས་སུ་ཆད་པ་ཡི། །རང་བཞིན་ཡང་ནི་གཞན་དུ་འདོད།

藏文龙树本：།ཐ་སྙད་བརྟན་ཉིད་ཀུན་བརྟགས་དང། །ཐ་སྙད་བྱེད་པའི་བདག་ཉིད་གཞན། །ཐ་སྙད་ཀུན་ནས་ཆད་བྱེད་པའི། །རང་བཞིན་གཞན་མ་འདོད་པ་ཡིན།

应许遍计所执以言说为特性，下一个［即依他起自性］的特性是能言说的主体，另一个［即圆成实自性］的自性是完全断除言说。[③]

---

① https://dedu.dila.edu.tw/view/trisvabhavaYao。对于梵藏校勘，姚治华教授在这个网页中有简要说明。

② 比如《显扬圣教论》卷16："论曰：于依他起自性执著初自性故，起于熏习则成杂染。"（T31，p. 559c）《瑜伽师地论》卷74："问：初自性，五法中几所摄？答：都非所摄。问：第二自性几所摄？答：四所摄。问：第三自性几所摄？答：一所摄。"（T30，p. 704c）此中，初自性（第一自性）是指遍计所执性，第二自性是指依他起性，第三自性是指圆成实性。

③ https://dedu.dila.edu.tw/view/trisvabhavaYao。对于梵藏校勘，姚治华教授在这个网页中有简要说明。

遍计所执性就是唯名言安立的诸法，或者说那些以言说所显的方式存在的一切事物的本质（*vyavahāra*）就是遍计所执性。随顺用语言表述事物习惯，基于世间言语交流机制，用名言施设（安立）的色、声等诸法的自性或差别，遍计所执性这样成立起来。总之，遍计所执性彻底（完全）基于分别和表述的惯性，是以名言增上之力而有，依附于有情的常规认知。

关于三性与名言及执著的关系，《解深密经》卷2有简要说明："**相名相应以为缘故，遍计所执相而可了知；依他起相上，遍计所执相执以为缘故，依他起相而可了知；依他起相上，遍计所执相无执以为缘故，圆成实相而可了知。**"（T16，p. 693b）在世间语言系统中表述法（相），名称（名）如果有指向只能是限定于分别心所构建的共相，并不指向其外的任何法（相）。分别心往往认为法（相）与名称（名）具有同一性，遍计所执性以这个原因建立起来。由于执著遍计所执性，名言熏习而有依他起性出现，而依他起性上有远离计执的体性，这就是圆成实相。也可结合"**问：遍计所执自性缘何应知？答：缘于相名相属应知。问：依他起自性缘何应知？答：缘遍计所执自性执应知。问：圆成实自性缘何应知？答：缘遍计所执自性于依他起自性中毕竟不实应知。**"（《瑜伽师地论》卷73，T30，p. 703b）来理解。

"名"简单说就是对"相"（事、义）的表述，也就是表述指称对象的假言、言说等，狭义地说是概念。人类社会中的概念都是人为创造，概念的内涵和外延也是人为规定。由于概念在分别心中表现得有所指向，概念也就被误认为指示外延或指称对象，这就建立了"相"（事、义）与"名"二者的"相属"关系，遍计所执性依此产生。我们可以这样理解：分别心没有去分别某个法，这个法就是没有和名言相和。分别心通过分别（名言增上之力）在所缘（所遍计）上增加了名言所诠相（遍计所执相）的方式，实现了“相名相属”。实际情况中“名事互为客”，事（相、义）上本无名，名中也没有事（相、义）。由于对某事物的表述并不是该事物，表述行为就限定了所表述的内容完全是这种行为的建构，分别心也就只能以表述内容来认知事物，实际认知到的是观念中的事物（=言说所显的事物），也就是归类于名言自性的遍计所执性，这注定名言及分别心不可能企及事物本身的离言自性。

当名言（假言、言说）的力量与执著心联系在一起，执著心就执著唯名言安立的言说自性为非唯名言安立为有，这样遍计所执性就被执著为真实有。诸法不是如执著心中遍计所执所显现的那般地存在，换言之，法在执著心中的显现与实际情况不一致。这个情形中，名与义依彼所执的体性而在执著心中显现为相称，也就是二者具有同一性，这样所执著的体性被认为是真实成立的自性，相与名（事物与表述的事物）也就被混执为一。①

---

① 由于“一切假立名言如其自性，不应道理”，“世间愚夫执有名义决定相称真实自性”（以名取法的方式）就注定被限定在名想之中。《瑜伽师地论》卷73提出：“犹如所起种种幻类，譬如幻者造作种种幻士夫类，谓男、女、象、马、熊罴等类，非彼诸类如其相貌实有体性。如是诸相，非称名言有实体性，当知亦尔。”(T30, p. 700b)对于相关道理，叶少勇教授提出“封闭原则”。叶少勇《龙树中观哲学的自性》一文对“封闭原则”给出的解释是：“任何一个概念的定义或描述（p或非p）必将其指示对象（x）封闭于一个孤立不变的境地。换句话说，一个概念被预设所要指示的事物，须永远处于此概念所描述或引指的状态之中，而不可拥有任何违反此概念内涵的特征，否则的话，这个事物就不再是此概念的指示对象，而是落入了其他范畴。……也就是，任何一个被认为实有所指的概念，都必须指向一个孤立静止的实体，同时，一个概念的指示对象如果被认为要经历变化，这个概念就不可能实有所指，因为它自相矛盾而指向不确。即使这个概念本身指向无常、有观待、有变化之物，只要有了定义和描述，它的指示对象还是一样要被封闭。”（《世界哲学》2016年第2期，页152）

依他起性是以唯名言安立的方式存在者的原因或者说创造者，因为遍计所执性被心识遍计而安立。由于心识显现遍计所执影像或执著遍计所执自性，依他起性得以出现，得遍计所执不得圆成实性基于此得以成立。圆成实性超过寻思，是非戏论的方式存在的胜义离言自性，需要心中没有遍计所执影像的障蔽，断除对遍计所执的执著才能显现。如同黄金藏于矿泥，泥相显现而金相不显现，这譬喻心识得遍计所执性；如同金已经被提炼出来，金相显现而泥相不显现，这譬喻心识得圆成实性，也说明觉醒实现对依他起的心识的常态的超越。这样，依他起性上能建立二分。①

以根本智出现与否，宣说了心识的两种状态：遍计所执性显现的状态，圆成实性显现的状态。文中“遍计所执自性显现”突出了“显现”，彼是虚妄分别所显现的显像，虽然不是遍计所执性，但安立为遍计所执性显像。遍计所执性显像在心识中显现的时候，圆成实性不显现。当心识转依成无分别智相应心智，圆成实性显现，遍计所执性显像不显现。在虚妄分别识中，有情现似为有“人我”之有情，法现似为有“法我”之法，这样才会认为有情是有情有我之有情，法是法有我之法，才会执著二我。

---

① 《摄大乘论本》卷2：“《阿毗达磨大乘经》中薄伽梵说：‘法有三种：一、杂染分，二、清净分，三、彼二分。’依何密意作如是说？于依他起自性中，遍计所执自性是杂染分，圆成实自性是清净分，即依他起是彼二分；依此密意，作如是说。于此义中以何喻显？以金土藏为喻显示。譬如世间金土藏中三法可得：一、地界；二、土；三、金。于地界中，土非实有而现可得，金是实有而不可得；火烧炼时，土相不现，金相显现。又此地界，土显现时虚妄显现，金显现时真实显现，是故地界是彼二分。识亦如是，无分别智火未烧时，于此识中，所有虚妄遍计所执自性显现，所有真实圆成实自性不显现。此识若为无分别智火所烧时，于此识中，所有真实圆成实自性显现，所有虚妄遍计所执自性不显现；是故此虚妄分别识依他起自性有彼二分，如金土藏中所有地界。”（T31，p. 140c）

遍计执计所执性与名言关系需要思择。此处略说《显扬圣教论》卷16一段文宣说的道理："**问：若遍计所执相无有自体，云何能起遍计执耶？答：由名于义转故。谓随彼假名于义流转，世间愚夫执有名义决定相称真实自性。问：云何应知此是邪执？答：以二更互为客故。所以者何？以名于义非称体故，说之为客；义亦如名，无所有故说之为客。**"（T31，p. 557b-c）遍计所执性实际没有体性，之所以能够出现，原因就是通过名言把握事物，分别的典型作用就是把概念（名）与事物（义）连接起来，概念（名）所显的体性就被安放到事物上（"随彼假名于义流转"），二者就糅合为一。这样，名和义铁定地捆绑在一起，具有同一性。实则，义上本就没有名，义也是心识所成立，本没有自有体性（无所有）；名与义并不相称，二者不是体性一，只是世人执著地将所把握的言说自性等同于欲认识的事物。《显扬圣教论》卷16对此有详细说明："**云何知然？颂曰：于名前无觉，多名及不定，于有义无义，转非理义成。……何以故？颂曰：取已立名故，余即不能取，如众生邪执，增益为颠倒。……由此方便起妄遍计执有诸法。此法邪执，犹如众生妄增益故，当知颠倒。**"（T31，p. 557c）这是说：如果事物的体性像概念一般存在，人们建立概念之前，在认识事物的时候，也会了知概念。另外，一个事物可以有多个名称，就应该有多个体性。一个名称不定指一个事物，事物的体性也就变得不确定，而一个法任持自性不定是没有道理的。所以，概念（名）所显的体性随转于事物上，实际并没有道理。概念（名）所显的体性随转于不存在的事物上，才是合理的。这样，就能证明"名事（义）互为客。"如果说概念（名）的确实际指示到事物（义）上，也就是诠表（显示）了事物，就好像灯光照射到色法上，这样的观点是不合理的。把捉了某个事物（义）的基础之上，再谈为其取什么名，不是没有认识这个事物（义）而能安立名称。已经把捉了某个事物（义），已经在心中显示，其实就不需再以名来在心中显示。再者，不识名称的人不能根据这个名称认识所意指的事物（义），那么即使见到该事物（义）也对其没有认知。灯光照射色法并不是这个样子，并不是不通过这个灯其他方式不能把捉所照事物（义）。也可以认为事物（义）与概念（名）绝非没有丝毫关系，二者的唯一关系就是依据概念（名）生起事物的实有执，以色等法的概念（名称）诠表的体性（言说自性，假有）为实有。由于无始来的建立和执取名言的认知习惯，有情及法被显现为有人我、法我，也执著如现而有的有情及法存在，这是基于二取相的虚妄增益。①

① 《三无性》中也有相关的内容，［美］蒂安娜·保尔在《中国六世纪的心识哲学：真谛的〈转识论〉》中解读为："瑜伽行派声称，名并不指谓（denote）客观世界，对象、共识以及交流都建立在语言的个体或群体使用者的意向之上；为支持上述观点，真谛举出三条论据，将名与义区分开来，用以驳斥持相反意见者。从逻辑先后的角度，真谛提出了第一条论据，大意如下：（a）如果如反对者所称，名和所指必有关联，则将会导致命名在前，而关于对象的认知在后。（先于名，智不牛）（b）如果名称意谓（signify）了意指对象的本质，则如果没有听闻名称，我们将无法理解此意指对象。（若此名即义体性者，未闻名时，则不应得义既见）（c）因为在没有听闻名称的情况下，我们就能够理解被意指的对象，则名称不意谓意指对象的本质。（未得名时，先已得义）（d）一旦某人理解了被意指的对象，他也应该理解了对象的名，这种情况并不真实。（若名即是义，得义之时即应得名，无此义故，故知是客。）"（秦瑜、庞玮译，上海：上海古籍出版社，2011年，页64）"真谛的第二条论据，从空间性的角度，同样含蓄地描摹了名、义和指称之间的三重结构：（a）如若如反对者所称，名称意谓了意指对象的本质，那么若一物有多个名称，则有多少名称，就应有多少［各具本性或本质的］实体与之相应［既然对反对者而言，每一名称意谓一意指对象的本质］（若名即是义性，或有一物有多种名，随多名故有多体）。（b）如果有多少名称就有多少实体与之对应，则不同的表象将会占据空间中的同一个位置【如果名和所指之间有必然的联系的话，则对每个名而言，都将有一个与之对应的表象】（若随多名即有多体，则相违

遍计所执性常用龟毛兔角譬喻，这是就其是增益为有的体性而言。“**何等名为自性增益？谓差别增益为所依止，由诸愚夫遍计所执所有言说自性增益，即于彼事增益为有。**”（《瑜伽师地论》卷80，T30，p. 743b）遍计所执是对于依圆二性的增益，依言说之力而妄计执为有。对于心识所缘的“似义”，就“义”本无而妄现而言，“似义”可以视为遍计所执的显像。譬如意识缘色身时，色身的影像相分由于掺杂了遍计所执的显像，色身显现为真实存在及有我，当认为色身就是如所显现那般，执著就已出现。

鉴于依他起性本就是离言自性，依他起法现似有非彼离言自性之“自性”是遍计所执性，这不意味着依他起性就是遍计所执性。执著“我”之心不会导致“诸法无我”不成立，这是因为所执著的“我”是遍计所执性。可用兔角加以说明：有人在兔子头上臆想出角，兔角的影像在其妄识内显现。实则，兔角现似有而实无。兔子不会因为被执著有兔角就成为长角的兔子，这说明，颠倒识所见的兔角（影像）并非兔子头上长的角。这个世界上没有兔角，没有长角的兔子。兔角不是如其在识内所显现为兔子头上的角，而［在兔子上］成立。没有兔角和没有长角的兔子是同样的原因，实无缘起支撑兔所无之角成立为长在兔子头上的角。正因为此，兔角和长角的兔子若无则一同无，若有则一同有，二者总是一起

法一处得立。此义证量所违，无此义故，故知是客）。（页65–66）第三条论据所用的推理方式与前两条类似，讨论的是不定名（general name）或同名异物（homonyms）的问题：（既）然［不确定的］名称［对其所指］不确定，如果名称意谓了意指对象的本质，则意指对象的本质也将是不确定的（三者名不定故。若名即是义性，名即不定，义体亦不定）。（b）一名除了特指某物外，还可以指称其他多种事物。（何以故？或此物名目于彼物故）。（c）因此，在反对者看来，我们可以知道名称，但意指对象仍是不确定的。（知名则不定无。不如此故知但是客。）”（页67）

这个脚注沿用拙著《唯识宗与应成派宗义抉择》，页350–351。

成立或一起不成立。兔角实无是从兔子根本就没有角而说，不是从臆想出的兔角的影像根本就没有在心识中显现而说。遍计所执性唯是分别构建，如兔角般无自体自相。这样就可以理解，遍计所执性之所以是相无自性，是因为没有缘起条件支撑其有自相，不能依据其被虚妄显现成立为实有。

虚妄分别识执取遍计所执性的显像时，确定会认为“遍计所执性（遍计所执相）存在”，否则就谈不上执著。如同承许妄识可以显见兔角影像般，承许虚妄分别识可以显见遍计所执性（遍计所执相）显像。兔角实际不存在，理应在兔子头上缘不到兔角，所以理应没有兔角的显像，但是妄识内可以出现兔子头上长角的显像，这样的显像就称为“兔角显像”。在虚妄分别识中遍计所执的影像会显现，此为“似义”，前文称为“遍计所执显像”。这个“遍计所执性（遍计所执相）显像”可称之为“似遍计所执性（遍计所执相）显相”“似我显相”“似义相”“似二取相”等。在表述上可以不区分显现为犹如二取和显现为二取。如此安立并不意味着心识应该能在依他起性上认知到遍计所执性，而是通过强调遍计所执性被显现为有或似有来强调虚妄分别性。

人法二我都是虚妄分别识增益安立的，虚妄分别识理应能缘到此二我的显像。似我显像出现在识内，有此“似我”显像才安立在执著“我”。对于虚妄分别识而言，彼显像是存在的。虚妄分别识由于执取到了彼显像，认定“我”是存在的。当然从正理和实相上来说，“我”是不存在的。

关于遍计所执性一个典型的论述是外境，也就是有很多地方“外境=遍计所执性”，这可能会导致误解。其实遍计所执性的外延很大，并非仅仅是外境。遍计所执性涵盖分别心建构的一切于离言自性上不存在的体性，也就是用语言表述的一切，具有比外境更大的外延。一些情况下，论典中的论述有所偏重，就以外境来讲遍计所执性。遍计所执性就是名言所显的诸法，也就是那些靠名言增上之力安立的事物。依他起性和圆成实性等任何事物（无论存在与否）用语言（音声）、文字表述，所表述的实际就是遍计所执性。从这个意义上，我们正确理解经论，实际就是正确建立遍计所执性。有了这个前提基础，后续需要若干时间消磨虚妄分别习气，才有可能获得瑜伽现量。

二十四

梵文：dvayābhāvātmakaḥ pūrvaṃ paratantraḥ praviśyate / tataḥ praviśyate tatra kalpamātram asaddvayam //

藏文世亲本：།སྔོན་དུ་གཉིས་པོ་བདག་མེད་ལ། །ཞུགས་པས་གཞན་དབང་ལ་འཇུག་སྟེ། །ཡོད་པ་མ་ཡིན་གཉིས་པོ་དག །དེ་ལ་བརྟགས་ཙམ་ཡིན་ཕྱིར་རོ།

藏文龙树本：།སྔོན་དུ་གཉིས་མེད་བདག་ཉིད་ནི། །གཞན་དབང་རབ་ཏུ་འཇུག་པར་འགྱུར། །དེ་ནས་དེ་ཙ་གཉིས་མེད་ནི། །བརྟག་པ་ཙམ་དུ་འཇུག་པ་ཡིན།

首先，悟入依他起，它以二分的不存在（*abhāva*）为特性。然后，悟入［遍计所执自性］，此处二分不存在（*asad*），唯是分别（*kalpa*）。①

这一颂在讲悟入依遍二性的次第，这里的“悟入”不是通常的理解，需要通过依他起性觉（唯识性觉）除遣遍计所执性觉实现。②［瑜伽行者］首先悟入依他起性，体悟在唯识无境缘起中，

① https://dedu.dila.edu.tw/view/trisvabhavaYao。对于梵藏校勘，姚治华教授在这个网页中有简要说明。

②《摄大乘论本》卷2：“于此悟入唯识性中，何所悟入？如何悟入？入唯识

通过识转变成立不是异体而有，法本性超越言说，依他起性是［世俗］离言法性（离言自性），就知道不存在如现而有的能取和所取，这样遍知遍计所执性，就洞察二取性仅仅是臆造，二取性在本质上不存在。

颂24和前后颂主要目的是指导观修实践：我们停留在对遍计所执性的体验中，就难以从二取不存在的角度看待事物，二取不存在的觉悟是由认知到依他起性所蕴含的识境相待关系来实现。一旦人们上升到对依他起性的认识，认识到境的多重性和心依赖境显现，就有可能把境与心看成非异体关系。然后，人们可以反思被认为具有二取的遍计所执性，观察它也具有二分不存在的特征，因为在遍计所执性中能所之间的本体论地位是相同的，都是增益而有或妄现为有。

依他起性是遍计所执性所依行相，因为依他起乱识造成遍计所执性被虚假显现出来，又执著遍计所执性以显现的二取自相安住，鉴于遍依二性有这样的关系，通过观择依他起性，能够认清遍计所执性；通过观择遍计所执性，也能够认清依他起性。

悟入遍依二性的次第和方法，《摄大乘论本》卷2说为：“**名事互为客，其性应寻思，于二亦当推，唯量及唯假。实智观无义，唯有分别三。彼无故此无，是即入三性。**”（T31，p. 143c）[①]名对

性，相见二性，及种种性：若名，若义，自性，差别假，自性差别义，如是六种义皆无故；所取能取性现前故；一时现似种种相义而生起故。如暗中绳显现似蛇，譬如绳上蛇非真实，以无有故。若已了知彼义无者，蛇觉虽灭，绳觉犹在。若以微细品类分析，此又虚妄，色香味触为其相故，此觉为依绳觉当灭。如是于彼似文似义六相意言，伏除非实六相义时，唯识性觉犹如蛇觉亦当除遣，由圆成实自性觉故。”（T31，pp. 142c–143a）

① 世亲《摄大乘论释》卷6相关解释：“释曰：将入真观，故说二颂。‘名事互为客，其性应寻思’者，谓名于事为客，事于名为客，非称彼体故。由定而观，故名寻

于事是外来的（客），事对于名也是外来的（客），名与事的相合是分别心的操作，名与事不具有相称而生的互相系属关系。于是，这样就悟入遍计所执性。依于禅定观察（寻思）名与事的体性、差别，体认名不过是只有假立差别言说，事不过是只有分别（识量）。[①]这样，依于寻思产生如实智，观择本就没有义（境），只有

思。'于二亦当推，唯量及唯假'者，应当推寻义之自性差别并无，唯有识量，唯有自性差别假立。言'实智'者，应知即是如实遍智，谓由四种寻思为因，发生四种如实遍智。所言'观无义，唯有分别三'者，谓观于义本无所有，唯有三种虚妄分别，谓名分别、自性分别、差别分别。'彼无故此无'者，谓义无故分别亦无。何以故？若有所分别义，可有能缘分别；由义无所有故，当知分别亦无。'是即入三性'者，谓于此中悟入三性，观见名事互为客故，即是悟入遍计所执性。观见二种本无有义，唯有分别量，唯有名自性差别假立故，即是悟入依他起性。亦不观见此分别故，即是悟入圆成实性。如是名为悟入三性。"（T31，p. 353b）仅就悟入遍计所执性而观择"名事互为客"而言，有的典籍认为名与事都是依他起性，而有的典籍认为名乃至想名二者是遍计所执。如果认为名与事都是依他起性，就有理由认为需先观择依他起性而了知遍计所执性。《摄大乘论》的文句看起来主张先悟入遍计所执性，再悟入依他起性。

无性《摄大乘论释》卷6："释曰：以二伽他总摄寻思及寻思果，令易解了。'名事互为客，其性应寻思'者，谓名于事为客，事于名亦尔。非如一类，谓声与义相称而生互相系属。'于二亦当推，唯量及唯假'者，谓于自性及差别中，亦当推寻唯有分别、唯有假立。其事云何？谓此二种唯有分别、唯有假立差别言说，都无真实自性差别。言'实智'者，谓从寻思所生四种如实遍智。'观无义'者，谓观其义本来无有。'唯有分别三'者，观见唯有三种分别，谓名分别、自性假立分别、差别假立分别。'彼无故此无'者，谓义无故，观此三种分别亦无。'是即入三性'者，如上所说即是悟入三种自性。谓初颂前半，观名与事更互为客，即是悟入遍计所执自性。初颂后半，观彼二种自性差别，唯有分别、唯有假立，即是悟入依他起自性。第二颂中即是悟入圆成实自性。此中但遣遍计所执各别心境，伏除分别不无其事。若不尔者，系缚解脱俱不应成，净与不净皆无有故。"（T31，pp. 417c–418a）

① "于二亦当推"中"二"，无性论师说是自性及差别，"于自性及差别中"并没有说是何者的自性及差别，世亲论师说是"义之自性差别"。在一些语境中，"义"是指"境"，有时特指外境；一些语境中，"义"是指"名事互为客"中的"事"，也就是相名等五法中的"相"。本文采取"义"是指"事"（相）的理解，然仅仅观择"名"的自性及差别，却不观择"事"的自性及差别是不应该的；唯识观修悟入依他起性，需要观择名与事的自性及差别。《成唯识论》卷9："煖等四法，依四寻思、四如实智初后位立。四寻思者，寻思名义、自性差别、假有实无。如实遍知此四离识及识非有，

名分别、自性分别、差别分别等三种虚妄分别。于是，这样就悟入依他起性。进一步，依于没有义（境）的觉悟，获得没有识的觉悟，进而印持识境俱空。于是，这样就悟入圆成实性。三性就以这样的次序证入。

二十五

梵文：tato dvayābhāvabhāvo niṣpanno 'tra praviśyate /

tathā hy asāv eva tadā asti nāstīti cocyate //

藏文世亲本：།དེ་ནས་གཉིས་དངོས་མེད་རང་བཞིན། །ཡོངས་གྲུབ་ལ་ནི་འདིར་འཇུག་སྟེ། །འདི་ལྟར་དེ་ཉིད་དེ་ཡི་ཚེ། །ཡོད་དང་མེད་པ་དག་ཏུ་འང་བརྗོད།

藏文龙树本：།དེ་ནས་གཉིས་མེད་དངོས་པོ་ནི། །དེ་ཙ་ཡོངས་གྲུབ་འཇུག་པ་སྟེ། །དེ་བཞིན་དེ་ཉིད་དེ་བཞིན་དུ། །མེད་དང་ཡོད་ཅེས་བརྗོད་པ་ཡིན།

然后，悟入圆成实，此处是二分不存在的存在。从而，此[圆成实自性]即在此时可说为“存在又不存在”。①

本颂承接前颂，悟入依遍二性，已经除遣遍计所执性觉，接下来以圆成实性觉除遣依他起性觉。依他起性由于不是胜义谛，不能停留在观择唯识的阶段，应该进一步观择真如。

至于“二分”（二无事体），可以指二取性不存在，也可以指遍依二性无事体。②这两个作意，实际效果是一样的，胜义谛中无

名如实智。名义相异故别寻求，二二相同故合思察，依明得定发下寻思，观无所取立为煖位。谓此位中创观所取名等四法皆自心变，假施设有，实不可得。初获慧日前行相故立明得名，即此所获道火前相，故亦名煖。依明增定发上寻思，观无所取立为顶位。谓此位中重观所取名等四法皆自心变，假施设有，实不可得，明相转盛故名明增，寻思位极故复名顶。”（T31，p. 49b）

① https://dedu.dila.edu.tw/view/trisvabhavaYao。对于梵藏校勘，姚治华教授在这个网页中有简要说明。

② 《显扬圣教论》卷16：“解脱二种缚已，于二自性正无所得及无所见。所以

遍计也无依他，总之以真如作意除遣依他起性觉。所以，下面两个解释都可以：

1. 接下来，（瑜伽行者）就以依遍二性无自性悟入圆成实性，圆成实性作为无依遍二性所显的本性，因此可说“有”，由于没有依遍二性的显现，所以可说“无”。2. 接下来，（瑜伽行者）就以能取性和所取性无自性（二取空）悟入圆成实性，圆成实性作为无二取性所显的本性，因此可说“有”，然而由于没有二取性，所以可说“无”。从后文来看，第一个解释更符合本论思想，也就是要以“识智俱泯”的立场理解圆成实性。

《大乘庄严经论》中用一个譬喻来说明，这也是《三自性颂》第27颂使用的譬喻。幻师令观众生起迷乱识，见金、象等相而执有金、象等身来说明依遍二性。汉译本行文中有出现“幻者”“幻事”，参照几份资料[①]略作说明：“幻者”譬喻依他起性（迷乱识）是产生执著二取有的原因，如同幻师的咒术基于木石等道具幻现金、象等相。“幻事”譬喻二取遍计所执性，如同观众认为金、象

者何？由遍计所执自性毕竟无故不可得。依他起自性虽复是有，不取相故无所见。”（T31，p. 558c）

① 《大乘庄严经论》卷4：“如彼起幻师譬说虚分别者，譬如幻师依咒术力变木石等以为迷因，如是虚分别依他性亦尔，起种种分别为颠倒因。如彼诸幻事譬说二种迷者，譬如幻象金等种种相貌显现，如是所起分别性亦尔，能取所取二迷恒时显现。”（T31，p. 611b）

《辨了不了义善说藏论》卷2：“《庄严经论》云：‘犹如起幻师，譬虚妄分别，如彼诸幻相，譬说二种迷。’世亲释说，譬如幻师，于木石等，诵以咒术为迷惑因，虚妄分别依他起性亦尔，是初二句义。譬如幻相现为象、马等像，依他起性现为异体，能取所取亦尔，是后二句义。”（B10，p. 17a）

萨迦无：《大乘庄严经论宝鬘疏》：“如幻化之事物，彼草木土石等是诸错乱马相等之本。如是者，于错乱为（有）能所之本者，谓是非清净之虚妄分别——依他起性。彼等事物犹如以幻咒作变化之马等，如是者，遍计所执亦于无能所二取之上见作二取故，许是错乱之境。（107a）”（宝僧译，兰州：甘肃人民出版社，2008年，页180）

等事物体性如现而有。基于这个譬喻，《大乘庄严经论》中有一个偈颂：“如彼无体故，得入第一义。如彼可得故，通达世谛实。”（T31，p. 611b）[①]此颂的大意：依他起性和遍计所执性没有实体，通达这点就可以悟入胜义谛（第一义谛），但〔世俗谛中〕确有缘生乱识显现及执著诸遍计所执性如现而有，这样也可以通达世俗谛。长行解释中宣说由“依他、分别二相亦无实体”的道理能通达胜义谛。后文，更是以“彼事无体故，即得真实境；如是转依故，即得真实义”一颂重申此义。[②]需要结合悟入圆成实性需泯灭世俗谛相，依他起性是［一分］“胜义无自性性”，即不是根本智的自境，不于胜义中成立为有，来理解依他起性无体，或者从断除杂染依他起性上理解。“如彼无体”具体表现为依遍二性各自的无体。遍计所执以体性如石女儿的方式无体。所执的体性于依他起性上无，缘起决定依他起性无常，没有自然有的常住体性（自无及体无及以体不住）。可以从依他起性是［世俗］离言自性，不是以被安立的形态［也就是被遍计的样子而存在］，来理解“似体

---

① 《大乘庄严经论》卷4：“释曰：如彼无体故得入第一义者，如彼谓幻者、幻事无有实体，此譬依他、分别二相亦无实体，由此道理即得通达第一义谛。如彼可得故通达世谛实者，可得谓幻者、幻事体亦可得，此譬虚妄分别亦尔，由此道理即得通达世谛之实。”（T31，p. 611c）

《辨了不了义善说藏论》卷2：“释论中说，如于幻上全无象等，如是于依他起全无二取，是胜义谛。如于幻事见有象、马体性可得，如是虚妄徧计所执见有可得，是世俗谛。”（B10，p. 18a）

《大乘庄严经论宝鬘疏》：“如于幻化之马等事物之体无真实，如是者，彼依他起无遍计所执之体者，许作胜义。尊巴云：‘见依他起离遍计所执者，是所谓见胜义也。’犹如于幻变之马等事物上成所缘者，如是彼二现者许作世俗。”（页180）

② 《大乘庄严经论》卷4：“偈曰：彼事无体故，即得真实境；如是转依故，即得真实义。释曰：彼事无体故即得真实境者，若人了彼幻事无体，即得木等实境。如是转依故即得真实义者，若诸菩萨了彼二迷无体，得转依时即得真实性义。”（T31，p. 611c）

空”。[①]如此，“似体空”所无的体性是遍计所执性，也包含自然有的常住体性等非缘起的体性，依他起性上远离彼等体性。这样，遍计所执性是“无体空”，依他起性是“远离空”。

依他起性是世俗谛，不是圆成实性，这注定证圆成实性需要泯灭世俗显像，这也就是除遣依他起性的意思。遍计所执性本无所有，必然地在圆成实性中如石女儿不显现。这就注定证圆成实需要除灭分别心所现起的所有显像。如果还有分别心构建的空性影像，及对这种影像的执持，就不是根本智。持续除遣所有显像，至泯灭能所二现，方可生起根本智。

新生的根本智也安立为依他起，当然此智极为寂静且无分别。这个特性也能说明，分别心所显现的能所二相必然消失不见。于是，根本智自境中没有遍计所执的显像，亦没有依他起性显像，这些显像都被除遣。正由于此，圆成实性是“除遣空”。

［十、三自性的共同特征］二十六

梵文：trayo 'py ete svabhāvā hi advayālabhyalakṣaṇāḥ /

abhāvād atathābhāvāt tadabhāvasvabhāvataḥ //

---

① 《大乘庄严经论》卷7：“三空者，一无体空，谓分别性，彼相无体故。二似体空，谓依他性，此相如分别性无体故。三自性空，谓真实性，自体空自体故。”（T31，p. 625c）

《辩中边论》卷2：“空亦有三种，谓无异自性……论曰……空有三者。一、无性空，谓遍计所执。此无理趣可说为有，由此非有说为空故。二、异性空，谓依他起。如妄所执不如是有，非一切种性全无故。三、自性空，谓圆成实。二空所显为自性故。无我三者。一、无相无我，谓遍计所执。此相本无故名无相，即此无相说为无我。二、异相无我，谓依他起。此相虽有，而不如彼遍计所执故名异相，即此异相说为无我。三、自相无我，谓圆实成。无我所显以为自相，即此自相说为无我。”（T31，p. 469a–b）

藏文世亲本：།རང་བཞིན་གསུམ་པོ་དེ་དག་ནི། །དམིགས་མེད་གཉིས་མེད་མཚན་ཉིད་དེ། །ཤིན་ཏུ་མེད་དང་དེ་བཞིན་མེད། །དེ་དངོས་མེད་པའི་རང་བཞིན་ནོ།

藏文龙树本：།རང་བཞིན་གསུམ་ཀ་འདི་རྣམས་ནི། །གཉིས་མེད་བརྗོད་མེད་མཚན་ཉིད་ཅན། །མེད་ཕྱིར་དེ་བཞིན་མེད་ཕྱིར་དང་། །དེ་མེད་པ་ཡི་རང་བཞིན་ཕྱིར།

这些三自性，都具备无二分的特征，也具备不被认知（*alabhya*）的特征。因为［遍计所执自性］不存在，［依他起自性］不如［其显现］而存在，［圆成实自性］则是以此［二分的］非存在为自性。①

这三种自性具有无二（二无得）、不可得（无所缘）的特性，因为遍计所执的本性不存在，依他起性不像其显现的方式存在（如所显现无有），而圆成实性本质上是二取性不存在（二取空）。

对此我们结合三种空来理解：“**又有三种空性，谓自性空性、如性空性、真性空性。初依遍计所执自性观，由此自相定非有故。第二依依他起自性观，由此如所计度皆非有故。第三依圆成实自性观，由此即空真性故。**”（《大乘阿毗达磨杂集论》卷6，T31，pp. 720c–721a）以根本智来说，由于远离有无等分别，根本智在对空性的观感中不以空性为“有”，更不会以遍依二性为“有”。换言之，三性都是“不被认知”（*alabhya*）或译为“不可得”。以分别心来说，并非不可以解释“不被认知”（不可得），只是只能就三性的真实情况来探讨。遍计所执性的体性既然不存在，从根本上说也就是认知不到、不可得。依他起性既然并非如所显现，从根本上

① https://dedu.dila.edu.tw/view/trisvabhavaYao。对于梵藏校勘，姚治华教授在这个网页中有简要说明。姚治华教授对此颂的补充说明，龙树本多了两个颂：།རྟོགས་དང་མ་རྟོགས་རྣམ་རྟོག་དང་། །མངོན་རྟོགས་འཛིན་པའི་དབྱེ་བའི་ཕྱིར། །སོ་སོ་རེ་རེ་རང་བཞིན་གསུམ། །རྣམ་པ་བཞི་ཡིས་དབྱེ་བར་འདོད། །མིང་ནི་གཉིས་ཚོས་འབྲུལ་པ་དང་། །དབང་དུ་ཉིད་ཅེས་དབྱེ་བའི་ཕྱིར། །མི་བརྗོད་གཉིས་མེད་དོན་མི་མོངས། །གཅིག་དང་དུ་མའི་དབྱེ་ཕྱིར་རོ།

说也就是认知不到、不可取。圆成实性通过遍依二性不存在彰显，而遍依二性从根本上说认知不到、不可得，这样圆成实性从根本上也可说认知不到、不可得。

第五节　颂 27 至 34：三自性的幻术喻，显示三自性的遍知、断除、证得

［十一、幻术喻］二十七

梵文：māyākṛtaṃ mantravaśāt khyāti hastyātmanā yathā / ākāramātraṃ tatrāsti hastī nāsti tu sarvathā //

藏文世亲本：|སྔགས་མཐུས་སྒྱུ་མ་བྱས་པ་ཡིས། |ཇི་ནས་གླང་པོ་སྣང་གྱུར་པ། |རྣམ་པ་ཙམ་ཞིག་སྣང་བར་འགྱུར། |གླང་པོ་ཀུན་ཏུ་ཡོད་མ་ཡིན།

藏文龙树本：|སྒྱུ་མས་བྱས་པ་སྔགས་དབང་གིས། |གླང་ཆེན་བདག་ཉིད་ཀྱིས་སྣང་བཞིན། |དེ་ཙ་རྣམ་པ་ཙམ་ཡོད་དེ། |གླང་ཆེན་རྣམ་པ་ཀུན་ཏུ་མེད།

恰如依咒力作出幻术，显现大象之形一样。那里只有［大象的］行相（*ākāra*），大象却完全不存在。①

第二十八颂和第二十七颂的幻术喻结合起来阐述三性。大象（如现而有的大象）譬喻遍计所执二取性，大象的样子（行相）譬喻依他起性能所二现。依他起性就像是幻象一般，也就是说依他起性的显现就像那大象的样子（行相）一样的确存在，由于有相无体、似是而非才能建立幻象一般，依他起性如幻才能成立。

不存在的东西，比如石女儿，根本就不必说其如幻象。如幻象是一种存在模式，是针对存在的法而言。被幻术迷惑的观众看

① https://dedu.dila.edu.tw/view/trisvabhavaYao。对于梵藏校勘，姚治华教授在这个网页中有简要说明。

到了大象的行相，这相分的确存在（实有），正是因为有这样的所缘缘，观众才会执著真的有一头长那样的大象。简单地说，它看起来是大象，实际不是大象，这样似是而非，有相无体。依他起性的显现就像那大象的行相一样，受到了如同咒、翳等一般的言说习气的影响，人们依这种性质的行相执著存在如现而有的法。这样，依他起性虽实有，但也如幻。

木没有变成大象，木中也不存在大象的体性，只是观众眼根被咒力迷惑，看到了大象的样子，或者说木在这些眼识中显现为大象，大象的行相只是一个显现（*ākāra-mātra*）。类似地，圆成实性在虚妄分别识中被显现为遍计所执性，但圆成实性没有变成遍计所执性，圆成实性中也没有遍计所执性的体性，那般被遍计如现而有的圆成实性并不存在。当然，依他起性也没有变成遍计所执性，依他起性中也没有遍计所执性的体性，被遍计为如现而有的依他起性也不存在。

对于颂二十七的譬喻，有必要对比《经庄严论》中的解说：

已说求真实，次说求真实譬喻。

偈曰：如彼起幻师譬说虚分别，如彼诸幻事，譬说二种迷。

释曰：如彼起幻师譬说虚分别者，譬如幻师依咒术力变木、石等以为迷因，如是虚分别依他性亦尔，起种种分别为颠倒因。如彼诸幻事譬说二种迷者，譬如幻像、金等种种相貌显现，如是所起分别性亦尔，能取所取二迷恒时显现。[①]

幻师的咒术力造成观众心识颠倒，此心识中木、石等妄现为象、马、金等种种相貌，象等事物自性非有却显现故是“迷乱”。

① 《大乘庄严经论》卷4，T31，p. 611b。

象等相貌是所取，观众认为看到象等事物是能取。这样，幻事中就有二种迷乱（二迷）。类比可知，分别性（遍计所执性）的所依和表现，就是虚妄分别（依他起性）的显现功能及所显现。

这个譬喻可参照绳蛇喻理解。为什么把一团绳子执著为蛇，而不执著为木、石等？就是因为绳子在心识内显现为蛇〔的样子〕，从而执著为蛇。如果显现为木〔的样子〕，就会执著为木。这样就容易理解，由心识内遍计所执显现的样子（“遍计所执自性相”），认为能以这个自相成立为相，也就是以此作为法实际具有的相，又认为具有这个样子的法这样安住（存在），这就是从“执著遍计所执自性相”推进到“执著遍计所执自性”。①

二十八

梵文：svabhāvaḥ kalpito hastī paratantras tadākṛtiḥ /

yas tatra hastyabhāvo 'sau pariniṣpanna iṣyate //

藏文世亲本：།བརྟགས་པའི་རང་བཞིན་གླང་པོ་འདྲ། །གཞན་དབང་དེ་ཡི་རྣམ་ལྟ་བུའོ། །དེ་ལ་གླང་པོ་དངོས་མེད་གང་། །དེ་འདྲ་ཡོངས་སུ་གྲུབ་པར་འདོད།

藏文龙树本：།གླང་ཆེན་ཀུན་བརྟགས་རང་བཞིན་ཏེ། །དེ་ཡི་རྣམ་པ་གཞན་དབང་ཡིན། །དེ་ཙ་གླང་ཆེན་མེད་པ་

① 《解深密经》卷2：“由遍计所执自性相故，彼诸有情于依他起自性及圆成实自性中，随起言说。如如随起言说如是如是，由言说熏习心故、由言说随觉故、由言说随眠故，于依他起自性及圆成实自性中，执著遍计所执自性相。如如执著如是如是，于依他起自性及圆成实自性上，执著遍计所执自性。”（T16，p. 694c）这段文中，“执著遍计所执自性相”与“执著遍计所执自性”内涵不同，透由“执著遍计所执自性相”而起种种言说（分别心描绘刻画对此相的认知），依据言说之力，方能做到“执著遍计所执自性”。“遍计所执自性相”是心识内遍计所执的显像，“遍计所执自性”是由此自相成立为相的法，也就是一个具有那样子的法，以那样子存在，如现而有。结合名言上来说，执著有如名言所诠的自体。“遍计所执自性相”是虚妄显现的“遍计所执自性”的相，其实还是依他起性。

གང། །དེ་ནི་ཡོངས་གྲུབ་འདོད་པ་ཡིན།

大象是遍计所执自性，其行相（*ākṛti*）是依他起。大象之不存在于此，就许之为圆成实。①

观众所见的大象行相（能相）表现大象（所相），大象并不因为被体验到相而有其体，只是大象被虚妄地表现，标志物就是大象行相。类似地，识境二者［作为能相］表现的法［作为所相］并不存在，那样的法被虚假表现出来，这就是乱识（依他起性）显现二取性（遍计所执）。乱识（依他起性）通过这种显现，使得自身成为二取性（遍计所执）的行相（二取相）。这样，识了别境这样的行相虽然被体验到，然而那行相在表现能取性认知所取性，由于能取性认知所取性根本不成就，作为虚假显现的了别也是如幻。依他起性如幻就注定，被感知到的行相虚假，都是在表现遍计所执性，并不是表现依他起性。无大象的空分譬喻无遍计所执性所显的圆成实性，这个情状中识也不再显现二取相。

接下来，我们继续就这个譬喻对比《大乘庄严经论》。

偈曰：如彼无体故，得入第一义；如彼可得故，通达世谛实。

释曰：如彼无体故得入第一义者，如彼谓幻者、幻事无有实体，此譬依他、分别二相亦无实体，由此道理即得通达第一义谛。如彼可得故通达世谛实者，可得谓幻者、幻事体亦可得，此譬虚妄分别亦尔，由此道理即得通达世谛之实。②

妄见大象的行相，认为有一个如现而有的大象（象身），遍计所执性也是这样，基于心识现起的能取相和所取相，认为有二取

---

① https://dedu.dila.edu.tw/view/trisvabhavaYao。对于梵藏校勘，姚治华教授在这个网页中有简要说明。

② 《大乘庄严经论》卷4，T31，p. 611b。

性自相安住。咒术影响的乱识中显现大象的行相，譬喻心识现起的能取相和所取相，这样的乱识及显现是依他起性。如幻意味着有而不真，并没有如现而有的识与境。执著识境不如幻地真实有，也就是执著如现而有的二取性，这就如同认为的确有一头大象，它具有心识所现所见的大象的样子。如同大象不存在及大象也不显现，遮破了二取性及泯灭二取显相，这二取空就是圆成实性。

一方面，由于根本智亲证圆成实性（第一义）时，虚妄分别（依他起性）已经断除，所以可说“无实体”。另一方面，根本智自境中根本智在内的清净依他起性的世俗谛相也不显现，依他起相是“一分胜义无自性”，这是基于依他起相不是根本智的自境，依他起相在根本智前并不显现，因为彼世俗谛相并非“胜义自性”，说为胜义自性无。由于在胜义中无，故可说“无实体”。此不是依他起性无胜义谛之义，而是世俗谛不是胜义谛之义。依他起性的世俗显相在胜义谛中不显现，所以依他起世俗显现不堪为根本智的自境。依于此可以理解，依他起性本就不是或者说缺乏出现于根本智自境中的自性，根本智不见世俗显现。[①]

---

① 《解深密经》卷2：“云何诸法胜义无自性性？谓诸法由生无自性性故，说名无自性性；即缘生法，亦名胜义无自性性。何以故？于诸法中，若是清净所缘境界，我显示彼以为胜义无自性性，依他起相非是清净所缘境界，是故亦说名为胜义无自性性。复有诸法圆成实相，亦名胜义无自性性。何以故？一切诸法法无我性名为胜义，亦得名为无自性性，是一切法胜义谛故，无自性性之所显故。由此因缘，名为胜义无自性性。善男子！譬如空花，相无自性性，当知亦尔。譬如幻像，生无自性性，当知亦尔；一分胜义无自性性，当知亦尔。譬如虚空，惟是众色无性所显，遍一切处；一分胜义无自性性，当知亦尔，法无我性之所显故，遍一切故。”（T16，p. 694a–b）“胜义无自性”安立原因：1.胜义，是根本智的自境（“若是清净所缘境界，我显示彼以为胜义无自性性”）。2.无法我性或无自性（“一切诸法法无我性名为胜义，亦得名为无自性性”）。总之，“胜义无自性”是无戏论体性所显的胜义谛（“是胜义故及无戏论性”）。

圆成实性是胜义谛，又是无自性（无戏论体性），这符合“胜义无自性性”的定

二十九

梵文：asatkalpas tathā khyāti mūlacittād dvayātmanā /

dvayam atyantato nāsti tatrāsty ākṛtimātrakam //

藏文世亲本：།རྩ་བའི་སེམས་ལས་གཉིས་བདག་ཏུ། །ཡང་དག་མ་ཡིན་ཀུན་རྟོག་སྣང་། །གཉིས་པོ་ཤིན་ཏུ་མེད་པས་ན། །དེ་ན་རྣམ་པ་ཙམ་དུ་ཡོད།

藏文龙树本：།རྩ་བའི་སེམས་ལས་གང་དག་གིས། །དེ་བཞིན་ཡོད་མིན་ཀུན་བརྟག་སྣང་། །གཉིས་པོ་ཤིན་ཏུ་མེད་པ་སྟེ། །དེ་ཙ་རྣམ་པ་ཙམ་ཡོད་དོ།

同样，不真实（*asat*）的分别依根本心而显现为二分的特性。此二分绝对不存在，此处只有行相（*ākṛti*）。[①]

前文提到：在被咒术迷惑的观众观感中，大象是真实存在的。对于有智者来说，有一种执有大象的感知，但绝对不是一头大象，确实妄现其相及对此相起妄执，大象的“存在”完全取决于观众的迷乱心识。事情的真相是根本没有大象，即使在感知中也没有，

义。依他起性是通过缘起成立的世俗有性，分别心构建的戏论体性是于其上的增益，依他起性上并无彼戏论体性。不过，依他起性毕竟不是胜义谛（无胜义性），由此异相安立“胜义无自性性”，这样称为“一分胜义无自性性”。

《显扬圣教论》卷16：“复次颂曰：实胜义无性，戏论我无故，依他无彼相，此胜义无性。论曰：圆成实自性，由胜义无性故说为无性。何以故？由此自性即是胜义亦是无性，由无戏论我法性故。是故圆成实自性，是胜义故及无戏论性故，说为胜义无性应知。于依他起自性，由异相故，亦得建立为胜义无性。何以故？由无胜义性故。”（T31，p. 559b）

依他起性被取名（也可以被称为）“胜义无自性性”，然而不是真正的“胜义无自性性”。依他起性被取名（也可以被称为）“胜义无自性性”的原因，经文中说得很清楚，不是根本智的所行境（非是清净所缘）。实际上，只有是根本智的所行境（是清净所缘），才是真正的“胜义无自性性”。依他起相不是根本智的自境，依他起相在根本智前并不显现，因为彼世俗谛相并非是“胜义自性”，说为胜义自性无。

① https://dedu.dila.edu.tw/view/trisvabhavaYao。对于梵藏校勘，姚治华教授在这个网页中有简要说明。

观众并没有去感知一头大象；只有一种纯粹的心理上的幻觉，某个并不存在的大象被观众的心识虚假呈现为“似象”。

依据根本识（*mūla-citta*）中二取随眠（二障种子），能取相和所取相被显现出来，就犹如执取的大象行相显现。因此，心识所构建的虚假想象（*asatkalpa*）表现为二取性。色声等一切的显现都只是一种行相（*ākṛtimātra*），就是显现为能取相和所取相的了别。世人执取此等行相就是二取性的真实相貌，认为如实认知到实有的二取性。这种认知虚妄及依他起性如幻，意味着色声等只是“似色”“似声”等，认为“似色”“似声”等是色声等，就如同认为似象是大象一般是执著。

三十

梵文：mantravan mūlavijñānaṃ kāṣṭhavat tathatā matā /

hastyākāravad eṣṭavyo vikalpo hastivad dvayam //

藏文世亲本：།རྩ་བའི་རྣམ་ཤེས་སྔགས་དང་འདྲ། །དེ་བཞིན་ཉིད་ནི་ཤིང་འདྲར་འདོད། །རྣམ་རྟོག་གླང་པོའི་རྣམ་པ་འདྲ། །གཉིས་ནི་གླང་པོ་ལྟ་བུའོ།

藏文龙树本：།རྩ་བའི་རྣམ་ཤེས་སྔགས་བཞིན་ཏུ། །དེ་བཞིན་ཉིད་འདི་ཤིང་བཞིན་འདོད། །རྣམ་རྟོག་གླང་ཆེན་རྣམ་པ་བཞིན། །འདོད་དེ་གླང་ཆེན་བཞིན་གཉིས་སོ།

根本识犹如咒语，[圆成实的] 真如被认为如同 [作为幻术材料的] 木材。[依他起的] 分别被许作如同大象的行相 (*ākāra*)，[遍计所执的] 二分犹如 [被执为实在的] 大象。[1]

木本来处于没有咒语及无明带来的假相及迷执障蔽的情状。在被咒语所迷的心识中，木头被错误显现为大象，咒语是大象幻

① https://dedu.dila.edu.tw/view/trisvabhavaYao。对于梵藏校勘，姚治华教授在这个网页中有简要说明。

觉（错觉）的原因。鉴于木头对应真如，而真如无相，在无相唯识的立场，就可以理解为无相错误显现为有相，错乱力量当然来源于心识，对应譬喻中错乱显现的力量来自咒语。根本识比作咒语，根本识依于二取随眠发生影响，如同咒语产生影响，损害了心识的真实情况，令虚妄分别出现。这样的根本识，是应该断舍的。结合识转变，“真实”如果非要说为“心”，应说心的本然状态，这是没有错乱习气扰动的状态，也就是安住唯识性的心。

根本识和真如的关系，一个是显，一个是隐。咒语和木的关系，一个是语表，一个是四大种所造色的色处，都是显。这个细微的不同，需要注意。

乱识中显现出大象的行相，却不显现木的行相，木也就被大象的行相障蔽、覆盖，也就不见木。对于真如被比作不被看见的木，与其结合有垢真如理解，不如结合依圆二性关系理解。要点是，依他起性和遍计所执性显现的时候，圆成实性不显现。

接下来，我们继续参照《大乘庄严经论》理解这个譬喻。

偈曰：彼事无体故，即得真实境；如是转依故，即得真实义。

释曰：彼事无体故即得真实境者，若人了彼幻事无体，即得木等实境。如是转依故即得真实义者，若诸菩萨了彼二迷无体，得转依时即得真实性义。[1]

如同譬喻中大象体无，不应该有相出现，其行相是虚妄。识虚妄显现的那些相不应该出现，出现了就障蔽真实。能对治之法和所对治之法都是非有所取和能取之自性而显现为犹如有，二者的有如同幻象有，无如同幻象无。鉴于彼等如同幻化，有无如同

---

① 《大乘庄严经论》卷4,T31，p. 611c。

幻象有无没有差别，没有如所现的自性及行相，所以说一切如幻。如同幻王战胜幻师，去除了彼所起幻化令虚妄相消失一般，通过修行得见真实义。并没有一头大象具有乱识显现的样子，也没有缘取那头大象的心识。同样地，如同虚妄分别心中显现的能取相和所取相那样的［如现而有的］识和境是不存在的，识和境实际上并不以我们觉知的样子存在，在观感中存在的分别和所分别其实都不存在，观感中的能对治和所对治也不存在。简言之，真实相未显现造成不存在“如性”，这就是“如所显现不如是有”。

有相唯识和无相唯识共许，凡夫所见遍计所执性的影像属于依他起性，这样说来凡夫可见依他起性。依有相唯识来说，无患五根识无法见到后得智所见的如幻依他起性（“细分”），然而见到了五尘影像之类的依他起性（“粗分”）。意识也有善心位及现量，说起来也见到了“粗分”依他起性。文献方面的证据是《瑜伽师地论》《成唯识论》等典籍主张，他起性是二智所行，“二智”包括凡智和圣智。

我们审视这个譬喻，圆成实性（实相、真如）比作木头，依他起性（虚妄分别）可以比作大象的行相。对此不妨与绳蛇喻相比较，在绳蛇喻中绳错误显现为蛇，绳譬喻依他起性，通过对绳进行细分得到的无绳之空譬喻圆成实性。[①] 如果对木头同样细分为色香味触地水火风八法，木头的感觉也就消失，这样的无木之空譬喻圆成实性。然而，《三自性颂》中不是这样使用譬喻的，我们要尊重这点。不过，前文有多个颂也宣说圆成实性是空分。

---

① 《摄大乘论本》卷2：“若已了知彼义无者，蛇觉虽灭，绳觉犹在。若以微细品类分析，此又虚妄，色香味触为其相故，此觉为依绳觉当灭。”（T31，p. 143a）

联系《解深密经》翳眼喻[1]，无患眼根识所缘的“无乱境界”譬喻圆成实性，翳眼识所见的毛发等错乱相譬喻依他起性。颇胝迦宝譬喻与之类似，颇胝迦宝妄现的真金等像“无有真实、无自性性”所显的空分譬喻圆成实性。《三自性颂》此颂用木头譬喻圆成实性以及颂 13 用大象不存在的空分譬喻圆成实性 。这样，总的来说，圆成实性是遍依二性的无所得及不显现所显的一种真实情况，这种真实情况中既没有影像的障蔽也没有邪执的障蔽。在譬喻上，用没有大象所显的空分或木头本身来说明圆成实性是一致的。

［十二、遍知、断除、证得］三十一

梵文：arthatattvaprativedhe yugapal lakṣaṇakriyā /

parijñā ca prahāṇaṃ ca prāptiś ceṣṭā yathākramam //

藏文世亲本：།དོན་གྱི་དེ་ཉིད་རིག་པ་ན། །ཡོངས་སུ་ཤེས་དང་སྤང་བ་དང་། །ཐོབ་བྱ་གོ་རིམ་ཇི་བཞིན་དུ། །ཅིག་ཅར་མཚན་ཉིད་གསུམ་རིག་བྱེད།

藏文龙树本：།དེ་གཉིས་རྟོག་པའི་དུས་སུ་ནི། །མཚན་ཉིད་གསུམ་ལ་དུས་གཅིག་ཏུ། །ཡོངས་སུ་ཤེས་དང་སྤོང་བ་དང་། །རིམ་པ་ཇི་བཞིན་ཐོབ་པར་འདོད།

悟入对象的真实性时，［三个］特征同时起作用，应知它们依序为遍知、断除、证得。[2]

一旦理解了法的真实性质（*artha-tattva*），就同时了解所有三

① 《解深密经》卷2：“如眩瞖人眼中所有眩瞖过患，遍计所执相当知亦尔。如眩瞖人眩瞖众相：或发毛、轮、蜂蝇、巨胜，或复青、黄、赤、白等相差别现前，依他起相当知亦尔。如净眼人远离眼中眩瞖过患，即此净眼本性所行无乱境界，圆成实相当知亦尔。”（T16, p. 693a25–b2）大正藏本“翳”作“瞖”，宋元等藏经为“翳”。

② https://dedu.dila.edu.tw/view/trisvabhavaYao。对于梵藏校勘，姚治华教授在这个网页中有简要说明。

性，就同时发生对遍计所执性的遍知，对依他起性的舍弃（断除），对圆成实性的证得。这意味着放弃对名言所显法的执著，通达（遍知）彼等真实情况是根本不存在；心识也就不再显现遍计所执的影像，见所断的杂染依他起性被断除，此前具有的能所二现的心识（虚妄分别）泯灭。

遍知、断除、证得这三者必定同时，根本原因是杂染依他起性出现是源于执著遍计所执性，源头是二障种子或说遍计所执言说习气。当然，有些情况下，心识中遍计所执显像出现，并不去执著遍计所执性。平常心识受到二障种子的影响，显现了遍计所执性的影像，这使得心识成为应该断除的低劣依他起性。在根本位现证圆成实性的情况中，此前现起的低劣依他起性（分别心）被断除，在根源上是因为见道位所断的二障现行及种子已经被断掉，残余的二障种子并不起现行，这个时候心识不表现出二现（二取），泯灭二现的根本智是瑜伽现量，根本不会出现遍计所执的影像，更不会执著遍计所执性，体验到的是没有遍计所执性也没有依他起性的空。这样就不难理解，对遍计所执的遍知、对依他起性的断除、对圆成实性的证得是同时的。当然不只是遍知遍计所执，也遍知依他起性和圆成实性。①

三十二

梵文：parijñānupalambho 'tra hānir akhyānam iṣyate /

upalambho 'nimittastu prāptiḥ sākṣātkriyāpi sā //

藏文世亲本：།དམིགས་སུ་མེད་པ་ཡོངས་ཤེས་དང་། །སྣང་བ་དག་ནི་སྤོང་བར་འདོད། །གཉིས་སུ་མེད་པས་དམིགས་

① 《瑜伽师地论》卷74：“问：三种自性几应遍知？答：一切。问：几应永断？答：一。问：几应证得？答：一。”（T30, p. 705a）

པས་ན། །ཐོབ་བྱ་མངོན་དུ་བྱས་པའང་ཡིན།

藏文龙树本：།ཡོངས་ཤེས་འདི་ཙ་མི་དམིགས་པ། །སྤོང་མི་སྣང་བ་འདོད་པ་ཡིན། །དམིགས་པ་དག་ནི་མཚན་མ་སྟེ། །ཐོབ་པར་མངོན་སུམ་བྱ་བའང་དེ།

此处，应许遍知是[二分的]不认知，断除是[二分的]不显现，而证得则是无相的（*animitta*）认知，它也是亲证。[①]

第三十二颂解释第三十一颂提到的遍知、断除、证得，在此中，遍知是无所缘的，因为遍计所执性根本不存在，发现认知不到；断除是现起无相，因为能所二现不再显现，泯灭能所的心智会出现；证得是无显现（没有任何对象）造成的洞察，这就是对无相所行的真如地现证（亲证）。这是非二元性的认知，可以解释成没有二取性或能所二现等等，也可以解释成智境双泯。

三十三

梵文：dvayasyānupalambhena dvayākāro vigacchati /

vigamāt tasya niṣpanno dvayābhāvo 'dhigamyate //

藏文世亲本：།གཉིས་པོ་དམིགས་སུ་མེད་པས་ན། །དེ་ཡི་རྣམ་པ་ནུབ་འགྱུར་ཏེ། །ཤིང་གི་དྲུམ་བུ་དམིགས་འགྱུར་བ། །སྒྱུ་མ་ལ་ནི་ཇི་བཞིན་དུ།

藏文龙树本：།གཉི་ག་ལ་ནི་མི་དམིགས་པས། །གཉིས་ཀྱི་རྣམ་པར་རྟོག་པར་འགྱུར། །ཡོངས་གྲུབ་དེ་ཡི་རྣམ་རྟོག་ཕྱིར། །གཉིས་ནི་མེད་པར་རྟོགས་པར་འགྱུར།

由于不认知［遍计所执自性的］二分，［作为依他起自性的］二分之行相（*ākāra*）得以消除。由于此［行相］的消除，圆成实被理解为二分的不存在。[②]

---

① https://dedu.dila.edu.tw/view/trisvabhavaYao。对于梵藏校勘，姚治华教授在这个网页中有简要说明。

② https://dedu.dila.edu.tw/view/trisvabhavaYao。对于梵藏校勘，姚治华教授在这

通过对二取性的不可得，心识中的二取相消失了；随着它的消失，二取空得到了，圆成实性而被了知。此处可对照《解深密经》卷2：**“由诸菩萨如实了知遍计所执相、依他起相、圆成实相故；如实了知诸无相法、杂染相法、清净相法；如实了知无相法故，断灭一切杂染相法，断灭一切染相法故，证得一切清净相法。”**（T16，p. 693c）此中，遍计所执相是无相之法，基于妄心（杂染依他起性）显现的能所二相，执著如所显现如是而有，也就是执著遍计所执性（二取性）；当通达如所显现不如是有，心智也就不再以遍计所执性为对象，也就是不再显现为犹如能取及所取，这也对应着显现二分显像的妄心（杂染依他起性）的消失，二取性及二取相都被除遣，根本智就以能所湮灭的方式证得圆成实性（清净相法）。根本智对圆成实性的观感中，没有遍依二性的任何显现。

三十四

梵文：hastino ‘nupalambhaś ca vigamaś ca tadākṛteḥ /

upalambhaś ca kāṣṭhasya māyāyāṃ yugapad yathā //

藏文世亲本：།འདི་ལྟར་གཉིས་པོ་མི་དམིགས་ཚེ། །གཉིས་སུ་སྣང་བ་ཞུབ་པར་འགྱུར། །ཞུབ་ན་དེ་ཡི་ཡོངས་གྲུབ་པ། །གཉིས་དངོས་མེད་པ་རྟོགས་པར་འགྱུར།

藏文龙树本：།གླང་པོ་ཆེ་ནི་མི་དམིགས་དང་། །དེ་ཡི་རྣམ་པའི་རྣམ་རྟོག་སྤྲོ། །ཤིང་དག་ལ་ནི་དམིགས་པ་ནི། །ཅར་གཅིག་སྒྱུ་མ་ལ་བཞིན་ནོ།

如同在幻术中，可以同时不见［遍计所执的］大象，灭去［依

个网页中有简要说明。梵藏译本在此颂上意思大为不同，世亲藏译本颂三十四对应梵本的颂三十三。姚教授指出“Verse 33 corresponds to verse 34 of Sanskrit and Nt”。

他起的］此［大象］之行相（*ākṛti*），见到［圆成实的］木材。[①]

虽然有咒术影响，然而由于找不到象身，通过于象身无得，发现大象就是如现而非有，这样认知到大象的形象（行相）是错乱显现，不再耽著于这种形象（行相）。摆脱了咒语的影响，心中显现的幻象消失，对木材的感知也就会出现。这些是同时发生的。

遍计所执言说习气带来的两种后果，显现大象的形象（行相）以及执著大象如现而有。当消除了遍计所执言说习气的影响，那两种后果也就不出现，这样如同见到了木材一般见到了圆成实性。需要注意譬喻行文次序，透由遍知遍计所执性，即以对于遍计所执性无得之力，实现心识转变，转舍显现遍计所执影像的分别心，转得根本无分别智，得以亲证圆成实性。

第六节　颂35至38：悟入唯识无境次第

［十三、论证唯识］三十五

梵文：viruddhadhīkāraṇatvād buddher vaiyarthyadarśanāt / jñānatrayānuvṛtteś ca mokṣāpatter ayatnataḥ //

藏文世亲本：།མི་མཐུན་བློ་ཡིས་དབང་སྒྱུར་དང་། །དོན་མེད་པ་ཞིན་དུ་བློས་མཐོང་དང་། །ཡེ་ཤེས་གསུམ་གའི་རྗེས་འབྲང་དང་། །འབད་མེད་གྲོལ་བར་ཐལ་འགྱུར་ཕྱིར།

藏文龙树本：།གཉེན་པོ་བློ་ནི་སྒྱུར་ཕྱིར་དང་། །བློ་ཡིས་བདག་མེད་མཐོང་བའི་ཕྱིར། །ཡེ་ཤེས་གསུམ་ལ་རྗེས་འཇུག་ཕྱིར། །འབད་པ་མེད་པར་ཐར་པ་ཐོབ།

由于［对同一对象］有相互矛盾的认知的缘故；由于没有对

① https://dedu.dila.edu.tw/view/trisvabhavaYao。对于梵藏校勘，姚治华教授在这个网页中有简要说明。梵藏译本在此颂上意思大为不同，世亲藏译本颂三十三对应梵本的颂三十四。姚治华老师指出“Verse 34 corresponds to verse 33 of Sanskrit and Nt”。

象可以有知见；由于随着三种智转起［不同的对象］；由于［若有外境］则毋需努力就能获得解脱。[①]

承接前面颂文，这一颂讲述如何树立唯识宗见，也是如何悟入唯识无境。

众所周知，唯识无境否定外境有。外境以与任何识都是异体的方式成立，当不存在外境，唯识无境缘起观才是正确的。境被识显现才是境，被识显现的不会是与识体性异的外境，只能是内境。基于此，我们审视“存在”。所谓“存在”并非离开“存在之物”另有，而是“存在之物即是存在”，也就是“存在=存在之物”。存在之物之所以被确认存在，是因为存在之物显示了自己，这种显示必然依赖于心识。境显然不能自己显示，否则就不观待识成立为境。境只能是在认知中呈现，被识显现为认知对象，其存在透由认知确立，这也就决定借由识转变或显现成立为内境。

接下来，继续探讨内境和外境的问题。只有进入认知中，才成为境。境依赖于识显现，也定然是识的显现。由于识通过这种方式认知境，这就注定境处于识的范围，绝非离识而有。心识之外的对象不能进入认知中，外部对象永远不会被认知及被证明为存在。换言之，外部对象不会被心智认知，不能在心智内有任何的显现，因此不会成为所知，其实完全和心智不相干。进入认知中的必然是识内之物，对它的显现及认知受制于识，也就是说只要确立为境，一定是内境而非外境。这样，外部对象（外境）根本不可能具有境义，“境”本身就否定了外部对象（外境）。

《摄大乘论》中指出从四类事境能够悟入唯识无境，可结合《摄

---

① https://dedu.dila.edu.tw/view/trisvabhavaYao。对于梵藏校勘，姚治华教授在这个网页中有简要说明。

大乘论》原文理解颂三十五。

第一类事境："一者、成就相违识相智，如饿鬼傍生及诸天人，同于一事，见彼所识有差别故。"[①]

如果河里的y的确是一个外境的话，天神、饿鬼、人等的眼识中都有现量，所得不应该有那么大差异。也就是说，不应该人见到水，饿鬼见到脓血。至于天人看到的是什么，有不同的看法，有说天人见到了宝庄严地，有说天人看到的是甘露。总之，"同于一事"导致"见彼所识有差别"（"[对同一对象]有相互矛盾的认知"）是不合理的，反过来说根本不是"一事"，饿鬼及人等所见不是同一个境。唯识宗认为"**异熟识由共相种成熟力故，变似色等器世间相。即外大种及所造色，虽诸有情所变各别，而相相似，处所无异，如众灯明各遍似一。**"[②]由于有情的器世间中有些种子（共相种）相似，故而可以变出相似的河床等，由此而取名说"一事"。唯识宗并不主张"同一境上，由业力故，诸趣所见不同"，而是主张在各自所感的自趣器世界各自境上所见不同。

无论是水还是脓血，由于都不是微细色法，而是粗碍的色法，又没有距离太远等障，如果心识能认知外境，外境没有理由不被看及触，饿鬼亦应见及感受到水，人亦应见及感受到脓血。实际上，人见为水，饿鬼见为脓血。对此，外境有一方可能的辩说是y具有多个维度，人在所处的空间层次只能见及感受到水，饿鬼在所处的空间层次只能见及感受到脓血。那么，五趣杂居地中，人与饿鬼等理应混杂在同一个三维空间。在饿鬼居住的空间层次，人所处空间中的物理定律是否适用？如果不适用，人根本不能使

---

① 《摄大乘论本》卷2，T31，p. 139a。

② 《成唯识论》卷2，T31，p. 10c。

用物理定律证明那样色法存在。如果适用，减去矿泉水瓶中水的质量，质量上矿泉水瓶应大于已知的空矿泉水瓶，因为还有脓血的质量，然而实际质量相等，这表示瓶中脓血没有质量，推而广之脓血河流、脓血海等等也是质量为0，这表示其实根本不存在。另外，那般建立y具有多个维度（空间层次），其实是仿照唯识宗的建立。相对而言，唯识宗的建立圆满而干脆利索。饿鬼与人处于各自的器世间，所见所受用自然不同。

第二类事境："二者、成就无所缘识现可得智，如过去、未来、梦影缘中有所得故。"①

没有境，心也能制造出境作为所缘。譬如，虽然现在眼前没有西瓜，但是想到昨天吃的西瓜或者明天吃西瓜或者梦到吃西瓜，心中就有西瓜影像出现。又譬如，虽然空中没有毛发，但某些眼病患者能见到空中有毛发影像。这样的譬喻很多，在所有这些譬喻中，心都以其显现的境作为所缘缘。

第三类事境明显表明识变现境，分为三种："**一、得心自在一切菩萨，得静虑者，随胜解力诸义显现。二、得奢摩他修法观者，才作意时诸义显现。三、已得无分别智者无分别智现在前时，一切诸义皆不显现。**"②

一些菩萨能够转变四大种及所造色，譬如把石头变成金子。如果石头是外境，与心识体性异，具有客观性，应该不以意识而转移，心识根本就没有能力改变石头。

一些人修白骨观获得成就，可以观到大地遍布白骨。实际世界上根本没有那些白骨，说明白骨仅仅是修白骨观的意识显现的

① 《摄大乘论本》卷2，T31，p. 139a。

② 《摄大乘论本》卷2，T31，p. 139a。

影像。

在根本智泯灭能所亲证空性的时候，不见空中有色、声等诸义，说明色、声等是不泯灭能所的心识显现。

如同显示器上显示的画面不能离显示器而有，心识显现的境就不能离心识而有。既然不是于识外存在，也就只能存在于识内。识外的事物与识其实没有关系，识认知不到如同没有认知。法被心识显明（认识、证悟），法的体性一定不异于识。境与心有同体相属关系。终究，境通过心识才成为明晰，而具有明晰自性的是心识，所以境也是心识的体性。如同程序只能识别所支持的格式，典型的文件是该程序自己创建的，心识所识别的境，典型的情况就是境是心识所变现。

“三者、成就应离功用无颠倒智，如有义中能缘义识应无颠倒，不由功用智真实故。”① 如果杂染依他起识妄现的境真实，比如真的有外境的话，由于有情认知了外境，这种认知就应该如实无倒，那么有情根本就不用修行，已获得解脱。②

---

① 《摄大乘论本》卷2，T31，p. 139a。我个人持有相唯识见，不过在这个点上，我觉得无相唯识对执著更具有破除力。就是我们去思维，我们既没有正确显现，也没有正确认知：我们的心识没有正确显现万物，显现的这些是基于错误的原因，我们也没有通达真实，否则我们就是佛。

② Matthew T. Kapstein（2018）对35颂有误读：By reason of opposing ideas, owing to the intellectual vision of objectlessness, and due to the pursuit of threefold gnosis, liberation is attained without effort.（35）The interpretation of this verse in full detail remains elusive. What must be stressed in our present context, however, is its unambiguous conclusion : “liberation is attained without effort.”（p.23）他没有认识到在外境有的情况下才会出现“不需努力就开悟（解脱）”的结论，反而认为《三自性颂》（TSN）主张“不需努力就开悟（解脱）”，他由此认定论主主张“不需努力就可以开悟（解脱）”，这当然是瑜伽行派批判的观点，而他也指出这点。由于Matthew T. Kapstein这个误读，他的文章页26推测说：“《三自性颂》（TSN）可能是由11世纪的密宗佛教徒创作的，后来在流通中被归属于世亲。”（In short, my view is that the TSN was likely produced by votaries

三十六

梵文：cittamātropalambhena jñeyārthānupalambhatā /

jñeyārthānupalambhena syāc cittānupalambhatā //

藏文世亲本：།སེམས་ཙམ་དུ་ནི་ཉེར་དམིགས་ཏེ། །ཤེས་བྱའི་དོན་ལ་དམིགས་མི་བྱ། །ཤེས་བྱའི་དོན་ནི་དམིགས་མེད་པས། །སེམས་ཀྱང་དམིགས་སུ་མེད་པ་ཡིན།

藏文龙树本：།སེམས་ཙམ་ལ་ནི་དམིགས་པ་ཡིས། །ཤེས་བྱའི་དོན་ནི་མི་དམིགས་ཉིད། །ཤེས་བྱའི་དོན་ལ་དམིགས་མེད་པས། །སེམས་ནི་མི་དམིགས་ཉིད་དུ་འགྱུར།

通过认知唯有心，应该不认知所知的对象；通过不认知所知的对象，应该不认知心。①

这一颂简要说明加行道如何由从所取空到能取空，细分就是修四寻思观与四如实智，逐次获得暖顶忍世第一法。这个过程简单说消磨分别习气，令心识不再变现出境，进一步打破二元性认识，其结果就是泯灭能所。接下来，选择几份重要唯识典籍中相关描述予以说明。

《辩中边论颂》："依识有所得，境无所得生；依境无所得，识无所得生。"（T31，p. 477c）世亲的解释是："依止唯识有所得故，先有于境无所得生；复依于境无所得故，后有于识无所得生。由是方便，得入所取能取无相。"（《辩中边论》卷1，T31，p. 465a）

---

of tantric Buddhism during the eleventh century and came to be attributed to Vasubandhu only after it had entered into circulation.）这个推测由于前提错误而站不住脚。

笔者和姚治华教授探讨这点，姚教授也认为是误读，他表示将告知Matthew T.Kapstein教授。https://dedu.dila.edu.tw/view/trisvabhavaYao对于此颂有个简注："毋需努力就能获得解脱", another example of aprayatnena mokṣaprasaṅgaḥ, see Sthiramati, Madhyāntavibhāgaṭīkā ad 1,2, p.11 line 10 。（Paneya's ed.）

① https://dedu.dila.edu.tw/view/trisvabhavaYao。对于梵藏校勘，姚治华教授在这个网页中有简要说明。

大意是唯识性觉分析的开始是将所有境都看成仅仅是心识，既然存在的只是心识，对于境就无所得，不再滋养境的观念。然后，思择心识也作为境在观慧中被体验到，依靠于境无得，就于识无得。严谨地说，以这样的观择，仅能悟入能取所取皆无或二现泯灭。尚需观择真如无相，依真如作意，悟入圆成实性。

《大乘阿毗达磨杂集论》卷11描述得细致些："**依止定心思惟定中所知影像，观此影像不异定心，依此影像舍外境想，唯定观察自想影像。尔时菩萨了知诸法唯自心故，内住其心，知一切种所取境界皆无所有。所取无故，一切能取亦非真实，故次了知能取非有，次复于内舍离所得二种自性，证无所得。**"（T31，p. 746a）这其实是解释《分别瑜伽论》中"菩萨于定位……后触无所得"两颂。[①]

瑜伽行者（菩萨）体认识境非异体而有，对治外境的观念，思择境不过是显现境的心，是心以能所二分显现的方式所现的影像。瑜伽行者就这样安住于对"唯识"（唯识性）的思择，体认体性不异于识的境一方由于无能取事体（离识）理应不存在，体性不异于境的识一方由于无所取事体（离境）理应不存在；依于二取习气（二障种子），识境二者被虚妄现有，所显现的并非真实相，也障蔽见到真实，理应断除；以这样的观择，就于所取体性无所得，也于能取体性无所得，心识以不显现二取性之力不显现二取相，这就得以触证无所得，当然实际必须达到无显现。

---

① 《大乘阿毗达磨杂集论》卷11后文是："依此道理，佛薄伽梵妙善宣说：菩萨于定位，观影唯是心，义想既灭除，审观唯自想。知所住内心，知所取非有，次能取亦无，后触无所得。"（T31，p. 746a）对照《摄大乘论本》卷2："复有教授二颂，如《分别瑜伽论》说：'菩萨于定位，观影唯是心。义相既灭除，审观唯自想。如是住内心，知所取非有，次能取亦无，后触无所得。'"（T31，p. 143c）等可知出处。

［十三、法界、三身］三十七

梵文：dvayor anupalambhena dharmadhātūpalambhatā /

dharmadhātūpalambhena syād vibhutvopalambhatā //

藏文世亲本：།གཉིས་པོ་དམིགས་སུ་མེད་པས་ན། །ཆོས་ཀྱི་དབྱིངས་ལ་དམིགས་པར་འགྱུར། །ཆོས་ཀྱི་དབྱིངས་ལ་དམིགས་པ་ཡིས། །ཕུན་སུམ་ཚོགས་པ་ཉེར་དམིགས་འགྱུར།

藏文龙树本：།གཉི་ག་ལ་ནི་མི་དམིགས་པས། །ཆོས་ཀྱི་དབྱིངས་ལ་དམིགས་པ་ཉིད། །ཆོས་ཀྱི་དབྱིངས་ལ་དམིགས་པ་ཡིས། །འབྱོར་པ་ཉིད་ལ་དམིགས་པར་འགྱུར།

通过不认知［对象和心］二者，应该认知法界；通过认知法界，应该认知遍满。[①]

通过前面的修持，识和境的世俗相不显现，造成不能缘取这二者。由于这二者无得（对境无得，对识无得），将能够缘取（现证）法界（*dharma-dhātu*），也就是获得对事物本性的感知。这是因为识的能所二现湮灭，获得根本智。根本智对事物本性的认知没有任何错乱，这样将能够到自在（*vibhutva*）。[②]

---

① https://dedu.dila.edu.tw/view/trisvabhavaYao。对于梵藏校勘，姚治华教授在这个网页中有简要说明。其他汉译如下：

金译：于二无得故，乃得于法界；以得法界故，乃得于遍能。

刘译：二都无得故，即缘于法界；由缘法界故，即证圆满德。

杨译：由于不见（主观与客观或心与对象）两者，故得见法界。因认识法界故得（对一切之）自在。

韩译：由二无有可得故、当能缘得于法界。由缘得于法界故、当能得圆满究竟。

印译：（由）得知二是无，得知法界义，得知法界故，应得自在义。

谈译：由得二无有 能缘于法界 由缘于法界 能圆满究竟。

笔者就此颂询问杨洁和傅新毅两位老师，由于形式上是私聊，我将他们的直译放在这个脚注（不作为正式观点）。“由二无所得，当为得法界，由得法界故，当为得遍满”（杨洁），“由二不可得，故法界可得，由法界可得，得究竟圆满。”（傅新毅）

② 本颂中限定为认知对象（所行境）的话，就比较费解。“འབྱོར”通常的意思是到达，一般是指财物，有时也指圆满。“ཕུན་སུམ་ཚོགས་”是指圆满。vibhutva这个词费解，有的

资料理解为“掌握”“主宰”，本文姑且理解成得到自在。如果vibhutva理解成认知对象（所行境），大概是“遍行真如”等，这样理解也不是可以。

杨洁老师参照第三十八颂，怀疑vibhutva-upalambhatā或upalabdha-vibhutva基本可以确定是一个多财释，vibhutva是词根upa-labh的宾语。如果解释为“认知遍满”，那就还是在讨论智慧层面上的事；如果解释为“得自在”，那就是比较接近神通方面，只是upalabh的意思会有些变化。

外文资料方面：

Fernando Tola and Carmen Dragonetti: “And when the *dharmas*’ ultimate essence, when non-duality is grasped,one gets *vibhutva, sovereignity*(kārikā37) . By this last word we must understand the possession of several extraordinary powers . (*kārikā* 37)” (p.248) 这句话中有两个注脚，前者指出颂三十七是描述菩萨的状况，颂38是描述佛的状况。这个脚注所说笔者认同，然而对理解vibhutva参考价值不大。43的参考价值大些：like the powers mentioned eg by Asaṅga, Mahāyanasūtralarnkāra IX, 38–48, and Mahāydnāsaṃgraha X, 5 and the Chinese translation of the Bhāṣya of this last text (done by Hiuan Tsang) , Taisho, Vol. XXXI, No. 1597, p. 371 c line 23 – p.372 a line 21; and by Upanibandhana, Taisho, VoL XXXI, No. 1598, p. 437 c line 18 –p. 438 a line 26.

我们找出《摄大乘》世亲疏《摄大乘论释》卷9：“释曰：今次应显法身自在，由转色等五蕴依故得五自在。此中由转色蕴依故证得示现佛土自在，由此示现金银等宝净妙佛国，亦得示现随其所欲自身自在，由此示现大集会中随诸有情胜解所乐种种色身，又随所乐能现种种相好自在，又现无边音声自在，又现无见顶相自在。由转受蕴依故得无罪无量广大乐住自在，谓得自在能住无罪无量广大乐住。应知此中由众多故说名无量，普超一切三界乐故说名广大乐住自在。由转想蕴依故得于名身句身文身辩说自在，以能取相故名为想，由名身等能取其相，转染想蕴还得如是清净想蕴。由转行蕴依故得现化变易引摄大众引摄白法自在。应知此中随其所欲示现所作故名现化，改转地等令成金等故名变易，如意所乐能引天龙药叉等众应知说名引摄大众，随意所乐引诸白法令现在前应知说名引摄白法。由转识蕴依故得大圆镜智、平等性智、妙观察智、成所作智。此中大圆镜智者，谓无忘失法，所知境界虽不现前亦能记了，如善习诵书论光明。平等性智者，谓先通达真法界时，得诸有情平等心等，应知此中究竟清净。妙观察智者，谓如藏主如其所欲，随于何等陀罗尼门、三摩地门作意思惟，即得自在无碍智转。成所作智者，谓能示现从覩史多天宫而没乃至涅槃，种种佛事皆得自在。”（ T31, No.1597, pp. 371c–372a ）

Jay L. Garfield:“Vasubandhu claims，a radiant，or totally illuminating gnosis.”(*Vasubandhu’s Treatise on the Three Natures: A Translation and Commentary*，OXFORD UNIVERSITY PRESS，2002，p.151.) Jay L. Garfield并没有进一步解释。

Lewis R. Lancaster and J. L. Shastri 翻译的第37颂：Through the non-apprehension of any duality,there is the apprehension of the Ground of events,because of the apprehension

37颂看起来没有讲到佛地，而是讲圣位菩萨之事。菩萨自初地起获得妙观察智和成所作智，相对于佛的"法身自在"而言，当然可以说初地菩萨等圣位菩萨得到一部分自在。

《摄大乘论》论述"法身自在"，简略分成五种：1.依色蕴转依成立的佛土、自身、相好、无边音声、无见顶相自在；2.依受蕴转依成立无罪无量广大乐住自在；3.依想蕴转依成立的辩说一切名身句身文身自在；4.依行蕴转依成立的现化、变易、引摄大众、引摄白法自在；5.依识蕴转依成立大圆镜智、平等性智、妙观察智及成所作智等自在。

五取蕴可以说是有罪的，因为从业和烦恼所生，又是新的业和烦恼的源泉。声闻乘和缘觉乘为了断除五取蕴，而求入无余涅槃，弃舍五蕴，菩萨乘由于要尽未来际度众生，所以就不能没有五蕴，这样目标是获得清净无罪的五蕴。转变了色蕴依，就能够自在示现佛土，比如变现七宝等。也能够自在示现自身，比如在不同的法会，根据有情的根基等情况，示现不同的身形。当然，也能自在示现诸般相好，比如无见顶相，还有无边音声等等。转变了受蕴依，就能够得到众多的大乐自在，其不为烦恼所系，超过三界所有乐受。转变了想蕴依，就能够得到辩说一切语言及文

---

of the Ground of events,there is the apprehension of psychic mastery.（*Seven Works of Vasubandhu: The Buddhist Psychological Doctor*，RELIGIONS OF ASIA SERIES，Number 4，Printed by MOTILAL BANARSIDASS ，Delhi，1986，p.296 .）Lewis R. Lancaster and J. L. Shastri对第37颂并无进一步解释。

Åke Boquist 翻译的第37颂："En raison de la non–perception de ces deux，objets et pensée，perception du dharmadhātu，et，en raison de cette perception，perception（acquisition）de la maîtrise."（*Trisvabhāva:A Study of the Development of the Three-nature-theory in Yogācāra Buddhism*，Printed by Graphic Systems，Malmö ，1993，p.131）Åke Boquist对第37颂并无进一步解释。

字的自在，随其所欲自在住于各种宣说教法的音声事业。转变了行蕴依，就能得到现化自在、变易自在、引摄大众自在、引摄白法自在，也就是自在现化、变化、摄受引导众生，令众生现起无漏法。转变了识蕴依，就得到了佛的四智相应净识。自安住于自受用土，没有障碍地现见各土及有情，在他受用土及变化土及秽土等广行利益安乐有情事业。①

对于初地菩萨来说，亲证真如（圆成实性，如所有性）其实是真见道，于相见道中要观四谛，也就是观尽所有性，这样对如幻依他起性有了认知。对此，《成唯识论》卷8有说明："非不见真如，而能了诸行，皆如幻事等，虽有而非真。"（T31，p.46c）这是

---

① 无性《摄大乘论释》卷9："由转五蕴依故，得五自在。诸声闻等怖畏苦故永断诸蕴，如愚痴人自舍身命。若诸菩萨摄巧方便，转灭有罪色等诸蕴，转起无罪色等诸蕴。如智癞人求诸良药，转有病身成无病身。此中由转色蕴依故，得能示现佛土自在，如其所欲现金银等诸佛土故。得能示现自身自在，随心所思皆能示现，于其种种大集会中，随诸所化有情机宜各别现故。得能示现相好自在，随所爱乐示现种种妙相好故。得能示现无边音声、无见顶相二种自在，现佛音声量无边故、现佛顶相无能见故。由转受蕴依故，得无罪无量广大乐住自在，应知此中离烦恼故名为无罪，有众多故名为无量，超过一切三界乐故名为广大。由转想蕴依故，得能辩说一切名身句身文身自在，以能取相是想自性，由摄如是资粮为因，转得如是功能差别，由此能于名身等事随其所欲自在能住。由转行蕴依故，得能现化变易引摄大众引摄白法自在，谓行蕴中思最为胜，由此思故于现化等自在。能转现化自在者，如其所欲能现化故。变易自在者，如其所欲转变地等成金等故。引摄大众自在者，如意所乐引摄天等诸大众故。引摄白法自在者，如意所乐令无漏法现在前故。由转阿赖耶识等八事识蕴得大圆镜智等四种妙智，如数次第或随所应。当知此中转阿赖耶识故得大圆镜智，虽所识境不现在前，而能不忘不限时处，于一切境常不愚迷，无分别行能起受用佛智影像。转染污末那故得平等性智，初现观时先已证得，于修道位转复清净，由此安住无住涅槃，大慈大悲恒与相应，能随所乐现佛影像。转意识故得妙观察智，具足一切陀罗尼门三摩地门，犹如宝藏，于大会中能现一切自在作用，能断诸疑能雨法雨。转五识故得成所作智，普于十方一切世界能现变化，从覩史多天宫而没乃至涅槃，能现住持一切有情利乐事故。"（T31，pp. 437c–438a）《大正藏》版本中"如愚癞人自舍身命"的"癞"字，依其他藏经该为"痴"。

解释《唯识三十颂》中“非不见此彼”。依他起性都是心的变现（显现），犹如幻事、阳焰、梦境、镜像、光影、谷响、水月、变化等等。这样，认知 *vibhutva*，可以解释为既认知了法的圆成实性，也认知法的依他起性，也就是认知了二谛（如所有性和尽所有性），或许这就是认知 *vibhutva* 的解释。仅就圆成实性（空性、真如、如所有性等）而言，由于诸法的圆成实性（空性、真如、如所有性等）平等一味，认知了一个法的圆成实性（空性、真如、如所有性等），也就等于认知了诸法的圆成实性（空性、真如、如所有性等）。

如果37颂的 *vibhutva* 限定为菩萨，另一可能的解释是就诸圣位的菩萨，各有各自所应破的障（粗重）及愚，破除不同的障及愚，就具有不同的功德。《解深密经》提出了十一种障（粗重）和二十二种愚，初地破除了执著补特伽罗及法愚痴和恶趣杂染愚痴，对治了这两种愚对应的粗重（主体是异生性障）。大乘圣位菩萨以自地福慧，证得了不同的真如（十真如），比如初地菩萨证得“遍行真如”，乃至十地菩萨证得“业自在等所依真如”。虽然真如没有差异，但所需要的福智资粮有差异，证得彼真如后的功德有差异。

三十八

梵文：upalabdhavibhutvaś ca svaparārthaprasiddhitaḥ /

prāpnoty anuttarāṃ bodhiṃ dhīmān kāyatrayātmikām //

藏文世亲本：།ཕུན་སུམ་ཚོགས་པ་ཉེར་དམིགས་པས། །སྐུ་གསུམ་བདག་ཉིད་བླ་མེད་པའི། །བྱང་ཆུབ་བློ་ལྡན་གྱིས་ཐོབ་ནས། །བདག་གཞན་དོན་ནི་རབ་གྲུབ་འགྱུར།

藏文龙树本：།འབྱོར་བ་ཉིད་ནི་ཐོབ་འགྱུར་ན། །རང་དང་གཞན་གྱི་དོན་འཇུག་ཕྱིར། །སྐུ་གསུམ་བདག་ཉིད་བྱང་ཆུབ་ནི། །བླ་མེད་བློ་དང་ལྡན་པས་ཐོབ།

认知遍满的智者，通过成就自利和他利，证得以［佛之］三身为特性的无上菩提。[①]

我们知道由于法界无差别，初地也得到“通达”，这是说：“于初地达法界时，遍能通达一切地故。”[②]初地菩萨得到自地的胜解、正行及通达，依据这三者修持，渐次获得二地、三地……

圣位菩萨以五相善修缘总相大乘法境的圣智，于十地善集资粮，发起金刚喻定破灭微细最微细的二障，[③]无间地离一切障而得转依。这样，完成了自利与利他，获得了本性是三身的佛果。

三身是自性身、受用身（食身）、[④]化身。此中，自性身（法身）

---

① https://dedu.dila.edu.tw/view/trisvabhavaYao。对于梵藏校勘，姚治华教授在这个网页中有简要说明。

② 《摄大乘论本》卷3，T31，p. 146a。

③ 《解深密经》卷3：“善男子！此奢摩他、毗钵舍那，于如来地，对治极微细最极微细烦恼障及所知障。由能永害如是障故，究竟证得无著无碍一切智见。依于所作成满所缘，建立最极清净法身。”（T16，p. 702a）《解深密经疏》卷7：“初明所断障，后明断障胜利。此即初也，谓二障中俱生一分。言极微细者，是烦恼障；最极微细者，是所知障。又解：极细最细皆通二障。极位所断，故名极细；胜位所断，故名最细。又解：无细可过，名为极细；无细可胜，故名最细。所以，见所断障，初地已断中，其所知障，同诸经论。烦恼障中，若俱生者，前十地中故留不断，至于佛地乃能断之。故《唯识》云，此地于法虽得自在而有余障，未名最极，谓有俱生微所知障及有任运烦恼障种。金刚喻定现在前时，彼皆顿断，入如来地。由斯《佛地》说，断二愚及彼粗重。一、于一切所知境极微细著愚，即是此中微所知障；二、极微细碍愚，即是此中一切任运烦恼障种。故《集论》说，得菩提时顿断烦恼及所知障，成阿罗汉及成如来，证大涅槃大菩提故。此经即当二种愚也。而《深密》云，第十一地中对治细极细微细智障者，偏说智障。译家脱也。此佛地障，余论皆无，故不配属。言释名者，六释之中，持业释也。”（X21，pp. 346c11–347a4 // Z 1:34，p. 467a12–b11 // R34，p. 933a12–b11）

④ 《大乘庄严经论》卷3：“释曰：一切诸佛有三种身。一者自性身，由转依相故。二者食身，由于大集众中作法食故。三者化身，由作所化众生利益故。此中应知，自性身为食身、化身依止，由是本故。”（T31，p. 606b）

《大乘阿毗达磨杂集论》卷13：“三身差别，谓法身圆满故。四受用差别，谓一切时处大集会与诸菩萨受用种种大法乐故。五业差别，谓随其所应起种种变化，遍于十简略地说可以从转依、白法所成、无二、常住、不可思议等五种相理解。自性身（法身）是种种佛住的依止，也是受用身（“但为成熟诸菩萨”）和化身（“多为成熟声闻等故”）的依止。[①]

于三身中，此处主要依《摄大乘论》解释自性身。[②]《摄大乘论》指出自性身有五相：1.转依。二障种子及习气被断舍，其实劣无漏种也被舍，无上清净的第八识出现，这样获得最极清净的依他起性。2.白法。于因地中累劫修行六度，六度辗转增上，获得了寿自在、心自在、众具自在、业自在，生自在、胜解自在、愿自在、智自在、法自在等十种自在。[③]需要注意佛断除了异熟习气，

方无量无边诸世界中作诸佛事故。”（T31，p. 757b）

① 《摄大乘论释》卷9：“释曰：今当解说果智殊胜，此由诸佛三身所显。自性身者，谓诸法界所流法乐，大自在转之所依止。受用身者，谓即依前所说法身，种种诸佛众会所显，于诸清净佛国土中，受用一切法界所流大乘经等种种法乐之所依止。复有余义，谓是受用清净佛土之所依止，又是受用大乘法乐之所依止。变化身者，谓依法身，从覩史多天宫现没乃至入大涅槃故者，谓现人天同分之身之所依止。”（T31，p. 370b）

② 《摄大乘论本》卷3：“应知法身略有五相：一、转依为相，谓转灭一切障杂染分依他起性故，转得解脱一切障于法自在转现前清净分依他起性故。二、白法所成为相，谓六波罗蜜多圆满得十自在故。此中寿自在、心自在、众具自在，由施波罗蜜多圆满故。业自在、生自在，由戒波罗蜜多圆满故。胜解自在，由忍波罗蜜多圆满故。愿自在，由精进波罗蜜多圆满故。神力自在五通所摄，由静虑波罗蜜多圆满故。智自在、法自在，由般若波罗蜜多圆满故。三、无二为相，谓有无无二为相，由一切法无所有故，空所显相是实有故。有为无为无二为相，由业烦恼非所为故，自在示现有为相故。异性一性无二为相，由一切佛所依无差别故，无量相续现等觉故。……四、常住为相，谓真如清净相故，本愿所引故，所应作事无竟期故。五、不可思议为相，谓真如清净自内证故，无有世间喻能喻故，非诸寻思所行处故。”（T31，p. 149b）

③ 《大乘阿毗达磨杂集论》卷8：“又诸菩萨自在业用不可思议，所谓命自在故、心自在故、财自在故、业自在故、生自在故、胜解自在故、愿自在故、神通自在故、智自在故、法自在故。诸大菩萨由如是等自在力故，所作业用不可思议。谓诸菩萨由命自在力，持诸寿行随所欲乐尔所时住。由心自在力，随其所乐于三摩地入出自在。由胜解自在力，转大地等为水火等，胜解自在。由愿自在力，随其所乐能引无数自利利他圆满大愿。由神通自在力，为欲摄化无量有情，显示种种神通变现。由智自在力，

所以其尽管显现化身却谈不上“生”。3. 无二。第一组有无无二相，是说遍计所执性非有，其实杂染依他起性也非有，圆成实性是有。第二组有为无为无二相，是说业和烦恼所生的有为没有，然而度生事业是有（非无为相）。第三组异性一性无二相，是说诸佛所依法身无差别，然而无量功德依止各别证得。4. 常住相。法身真如没有变异而常住。因地所发大愿所引果相不绝而常住。因地所发大愿所应作事业不绝而常住。5. 不可思议相。如来自内所证的真如，超越寻思地，也不是世间譬喻所能比喻。

第七节　作者后记

梵文：iti trisvabhāvaḥ samāptaḥ kṛtir ācāryavasubandhupādānām iti//

藏文世亲本：།སློབ་དཔོན་དབྱིག་གཉེན་གྱིས་མཛད་པའི་རང་བཞིན་གསུམ་ངེས་པར་བསྟན་པ་རྫོགས་སོ།།

藏文龙树本：།ཅེས་བྱའོ། །མཚན་ཉིད་གསུམ་ལ་འཇུག་པ།སློབ་དཔོན་ཆེན་པོ་འཕགས་པ་ཀླུ་སྒྲུབ་ཀྱི་ཞལ་མངའ་ནས་མཛད་པ་རྫོགས་སོ།།①

轨范师世亲所造《三自性颂》圆满完成。②

于诸法义训释言词，无滞辩说圆满究竟。由法自在力，以无量种名句文身，建立素怛缆等无上教法，随其所应，乃至一切有情于一时间能令彼心皆大欢喜。又一切佛所作诸佛应所作事，业用不可思议。云何？如来到于究竟无功用处，证得清净一味法界。诸佛世尊之所应作利益安乐诸有情事，随时如应皆能成立。如是诸佛及佛境界不可思议。”（T31，pp. 732c–733a）

《摄大乘论本》卷3：“此中寿自在、心自在、众具自在，由施波罗蜜多圆满故。业自在，生自在，由戒波罗蜜多圆满故。胜解自在，由忍波罗蜜多圆满故。愿自在，由精进波罗蜜多圆满故。神力自在五通所摄，由静虑波罗蜜多圆满故。智自在，法自在，由般若波罗蜜多圆满故。”（T31，p. 149b）

① 顾毳老师直译：大阿阇黎圣者龙树亲造《入三自性》圆满完成。

② https://dedu.dila.edu.tw/view/trisvabhavaYao。对于梵藏校勘，姚治华教授在这

阿阇黎（*ācārya*）意译为“轨范师”，能够教授弟子法式之义的善知识，或说能以法财摄受徒众。世亲活跃于公元四五世纪，大致与鸠摩罗什同一时代。世亲以弘扬唯识而闻名，是唯识教法系统的阿阇黎，此论被认为是世亲阿阇黎的作品。如今他造的《三自性颂》，全部偈颂已写完，而说“圆满”。

个网页中有简要说明。

曹彦老师提出：句首iti是强调，应该连接trisvabhāvaḥ构成一个复合词。如果不连接，很少有例句中句尾再出现一个iti。iti-trisvabhāvaḥ samāptaḥ kṛtir ācārya-vasubandhu-pādānām iti后面的iti表示空格。直译：至此《三自性》圆满了。此作品是轨范师世亲创作的颂文。

余论一　从“有”到无自性

对于“它是什么”这个问题，我们把“它”予以悬置，放入（）内，不难发现认知活动中出现对某事物（“什么”）的观感，以“什么”填充了（）内容，认为（）内的是“它”，从而（）内变成观念中的事物，确立了二者的同一性，“是”就出现了，自性的观念正是来自“是”。通过“是”，我们用“什么”刻画（理解、表述）它，是它一定排除非它，这样安立（施设）它。“它（什么）”完全取决于认知活动，受制于具体的显示方式和认知方式，也就注定是个体的心识和观感塑造而成的事物，我们理解和描述万事万物都是如此。

境只能在认知活动中被确立，法如果不被心识显明，就无以被认知，也就不成立为境，绕开心识认知任何法都不可能。心识呈现出的法，必定不超越识的显现。境不可能自己显明，显明是识的体性。所以，体性异于识、于识之外而有的“外境”定然不存在。如果承认认知论基本原理，就应该否定外境。这样说来，依处（执处）是自心识的显现。如果自心识无所显现，也就是消除“相”获得“无相”，达致无显现，执著就被有力对治。

如同一群色盲以亲眼所见为由，坚持认为有灰色树叶生及灭，而他们的观点是不成立的；诸法都不被凡夫如实显现和认知，凡夫认为的如所认知的法存在且有生灭，无论其如何强调这样法的缘生，其观点都是不成立的。众生以盲人摸象的方式认知世界，而见闻觉知的一切都是自己低劣心识显现出来的，又由于名言或分别之力，迷失于戏论稠林，于中横生种种执著，认为万物如其所见如其所闻如其所觉如其所知，一切以符合自识所呈现所认知的方式存在。某种意义上，这如同精神分裂病人以其乱识所现的人或物的影像为真实，而执著地认为有如现而有的人或物。

由于承许凡夫见闻觉知的影像都是遍计所执的影像，依他起性显现为遍计所执性，无相唯识对依处（执处）进行了极力否定，可以说否定凡夫认知的世界。透由色盲及精神分裂的譬喻已经足可说明这种情况，经中尚有如幻、毛轮等譬喻。比如《解深密经》中使用翳眼所见的发毛、毛轮、蜂蝇等相譬喻依他起性，这就说明其本质是错乱力量的显现。[①]至于错乱力量，通过颇胝迦宝譬喻可知是“遍计所执相言说习气”。[②]通过这个譬喻，也可知如同似帝青、似琥珀等显现一般，依他起性似遍计所执性显现。这和

① 《解深密经》卷2：“如眩瞖人眼中所有眩瞖过患，遍计所执相当知亦尔。如眩瞖人眩瞖众相：或发毛、轮、蜂蝇、巨胜，或复青、黄、赤、白等相差别现前；依他起相当知亦尔。如净眼人远离眼中眩［＊］瞖过患，即此净眼本性所行无乱境界；圆成实相当知亦尔。”（T16, p. 693a–b）此中“瞖”疑为“翳”，“巨胜”疑为“苣藤”（苣胜），也就是胡麻，有说是黑胡麻。

② 《解深密经》卷2：“善男子！譬如清净颇胝迦宝，若与青染色合，则似帝青、大青、末尼宝像；由邪执取帝青、大青、末尼宝故，惑乱有情。若与赤染色合，则似琥珀末尼宝像；由邪执取琥珀末尼宝故，惑乱有情。若与绿染色合，则似末罗羯多末尼宝像；由邪执取末罗羯多末尼宝故，惑乱有情。若与黄染色合，则似金像；由邪执取真金像故，惑乱有情。如是，德本！如彼清净颇胝迦上，所有染色相应；依他起相上，遍计所执相言说习气，当知亦尔。如彼清净颇胝迦上，所有帝青、大青、琥珀、末罗羯多、金等邪执；依他起相上遍计所执相执，当知亦尔。如彼清净颇胝迦宝；依他起相，当知亦尔。如彼清净颇胝迦上，所有帝青、大青、琥珀、末罗羯多、真金等相，于常常时，于恒恒时，无有真实、无自性性，即依他起相上，由遍计所执相，于常常时、于恒恒时，无有真实、无自性性；圆成实相，当知亦尔。”（T16, p. 693b）此中，“遍计所执相执”是指执著遍计所执性（相）的执著。

木妄现为象等譬喻是同样的含义。这样可以理解，由于遍计所执相言说习气力量介入识转变，凡夫所见到的有为法根本没有得到正确显现，所以根本不是如所显现之“有”（存在）。

没有了依处（执处），烦恼就不会生起。譬如于黑暗的房间里对蛇生起恐惧，一旦了知只是心识把绳妄现为蛇，所见的只是那种影像，根本没有蛇，就不会有执蛇的心识，从而远离恐惧。如此可见，执著都是关于依处（执处）的执著，当认知到依处（执处）不存在，那么执著就不得生。

世人容易在“有”上生起执著，前文把所执著的“有”称之为“依处（执处）”。宣说“无”，有釜底抽薪之效。然而，也需要正确安立有无。换言之，“体性”或“自性”是否成为否定对象，探讨方向是存在方式和显现方式。比如说，如果其存在方式是有缘起支撑为有，并且并不是乱识的妄现，绝不应诽拨其为无。存在与否应以殊胜的量（心智）来判断，被此胜量决断为有的应许为真实存在（“实有”“胜义有”）。宝藏寂（Ratnākaraśānti）提出，宣说一切都被胜量决断为不存在的人比断见外道还可怕，[①]因为断见外道否定后世等，并未否定一切，那些宣说一切都是“胜义无”的人否定一切。大抵，唯识宗有无的安立沿用《小空经》原则。[②]结

---

① 宝藏寂《中观庄严释成就中道论》：“又复，于彼宣说胜义中皆无者，如云：‘若一切皆无，超胜说无者，先有由对治，破坏成影像。胜说’若宣说一切中皆无，则超胜说无者，何以故？说无者等，见谛及宝及业及果等为无也。”（法光法师由藏译汉）顾毳译本见《印度后期“空有融合”思想佛典选译》（北京：宗教文化出版社，2020年）需要说明：按宝藏寂行文，“胜义中”是指圣者智慧所见，不特指根本智缘证的空性中。

② 《中阿含经》卷49：“若此中无者，以此故我见是空，若此有余者，我见真实有。”（T01，p. 737a）

唯识典籍方面：《辩中边论》卷1：“若于此非有，由彼观为空。所余非无故，如

合三性之后，基于其各自存在方式和显现方式，建立各自所无的自性即三无性，完成了有（三性）和无（三无性）的统一。

理解相关问题，需要了解“自性”（*svabhāva*）一词，金克木、叶少勇等论文及专著中对这个概念有很好的解释。大千世界，事物千差万别，自他不同。某种意义上，“自”透过否定（遣除）他者（非“自”）彰显。“自性”本义就是任何法都严格局于自体性，其存在元素不在自体性外存在，简单说是自己存在。这样，在诸法中彰显自而非是他。所以，一切法都被自性含摄。①譬如眼体性不是耳体性，眼体性中没有耳体性，耳体性中没有眼体性，这样可断言“眼不是耳”。这样，就不难理解，一切存在的法都有其自性，龟毛兔角之类丝毫不存在者才没有自性。自性是从存在论上对法的肯定，无自性意味着绝对不存在。有证据表明般若经采取了这样的本义，如《大般若波罗蜜多经》卷528中说“若法无自性，则无所有”（T07，p. 710b），这样的意思在般若经中多次出现。②

实知为有。若如是者，则能无倒显示空相。”（T31，p. 464b）

《大乘阿毗达磨集论》卷3：“若于是处此非有，由此理正观为空。若于是处余是有，由此理如实知有。”（T31，p.675a）

《瑜伽师地论》卷36：“云何复名善取空者？谓由于此彼无所有，即由彼故正观为空。复由于此余实是有，即由余故如实知有。如是名为‘悟入空性如实无倒’。”（“真实义品”，T30, p. 488c–p. 489a）

① 《阿毗昙心论》卷1：“云何摄法？为自性，为他性？答：自性。问：何故？答：诸法离他性，各自住己性，故说一切法，自性定所摄。诸法离他性者，谓眼离耳，如是一切法不应说。若离者是摄，以故非他性所摄。各自住己性者，眼自住眼性，如是一切法应当说。若住者是摄，故说一切法自性之所摄。”（T28，p. 810b）关于自性与存在，可以参考“任何存在者都于‘其他’的存在物之外单独存在。存在就意味着单独存在。自身的存在意味着凸显于其他物中。……唯其非另有别存，它们就根本没有。”（[俄] 舍尔巴茨基：《佛教逻辑》，宋立道、舒晓炜译，北京：商务印书馆，1997年，页122）

② 如《大般若波罗蜜多经》卷528：“诸缘起法，皆无自性。若法无自性，则无

般若经主张诸法“唯有假名所诠表”“唯有言说假施设”“唯假建立”“但有虚假性相用”，此中“假”可以结合如幻来理解，就是虽看起来是它，但不依自性是它，只是妄现或表述为它。这意味着诸法并非妄现或假名安立的样子，法的真实情状中根本没有符顺那样子的体性。笼统地说，如所显现或如所表述那样的诸法并不存在，这就是诸法无自性。

根本中论有行文把“自性”理解成不是造作而成及不观待他法而成与无变异的体性，[①]唯识体系经论并没有采用这个解释。笔者很怀疑空有之争问题一大的症结是“自性”能否分成可以成立及不可以成立的体性，或者说区分三性是否合理。且不说经里说三性，难道印度瑜伽行派祖师的梵语水平糟糕到不知“自性”含义的地步，而宣说三种自性？这完全可以说明，前文言及的中观学对“自性”那种解释，在印度并没有被普遍接受（采用）。

唯识宗坚守“自性”的本义，也是基于对“自性”的理解，把自性区分为遍依圆三种。遍依圆三性本身就是自性，其实不必再说遍依圆三性有自性。如果强调自性，可以再加“性”，表述为“遍计所执自性性”等。由于不可能所有法都无所有，唯识宗一方面宣说有自性（三自性），一方面宣说无自性（三无性），这样在执行依了义不依不了义的原则的时候，就别引三种无自性的道理

所有；若法无所有，则不可念，不可思惟。”（T07，p. 710b）《摩诃般若波罗蜜经》卷23：“若法无自性，是为无所有。”（T08，p. 385b–c）对此可参照《大智度论》卷85：“佛答：‘色等一切法亦是无法。’自说因缘：‘若法从因缘和合生，即无自性；若法无自性，即是空无法。以是因缘故，当知一切法无所有性。’”（T25，p. 654b）

① 从《中论颂》“第15品”中：“性若是作者，云何有此义：性名为无作，不待异法成。”（鸠摩罗什译）“若法实有性，后则不应异；性若有异相，是事终不然。”（鸠摩罗什译）等两颂就知，这三点限定自性是常法。

理解般若经中宣说的诸法无自性。简单说，唯识宗认为只有遍计所执性是以无所有的方式无自性，依圆二性的无自性方式与遍计所执性不同。遍计所执性是假有，也就是仅仅在心识内妄现为有。依圆二性是实有或胜义有，作为有而不真及离戏胜义，确实有彼二者。依据二谛的区分，一者是尽所有性真实，一者是如所有性真实。总之，三性的真实情况是被虚假现有的二取、似二取的显现以及二取空的实相。

三种自性是三种根本真实，理应都不是龟毛兔角。这是说，遍计所执自性性也不是龟毛兔角，否则就无法成立名言增上之力，乃至染净都无可知。[①]心识依据名言增上之力构建遍计所执性，也就是说心识显现遍计所执性或得遍计所执性。如果没有遍计所执性，具有一切众生不由修行自然解脱的过患，实际上无法成立杂染。

既然如斯，为什么有些地方宣说“遍计所执自性是龟毛兔角”？那种表述要么不正确，要么是指由自相成立的体性不存在。也就是说，需要结合相无自性性理解“遍计所执自性是龟毛兔角”之类的说法。当然，在语言交流上也还是可以说，“遍计所执自性是龟毛兔角”，毕竟遍计所执自性是于依圆二性上的增益，通过增益的方式建立的“假有”体性在某种意义上就是无有。

唯识宗所许的无自性是指根本不存在。在遍计所执性上建立的无自性，所否定的是由自相成立为相的体性，这种体性不存在就是相无自性性的内涵。[②]缘起决定遍计所执性的相只是虚妄现有，

---

① 《瑜伽师地论》卷74：“问：‘若无遍计所执自性，当有何过？’答：‘于依他起自性中，应无名言，无名言执；此若无者，应不可知杂染清净。’”（T30，p. 705b）

② 《解深密经》卷2：“云何诸法相无自性性？谓诸法遍计所执相。何以故？此

不能以此作为真实具有自性自相去证明遍计所执性实有。前文已提及，遍计所执性是在依圆二性上的增益，基于此而说遍计所执自性不存在。基于此，三无性得以成立。依他起性上建立的无自性，所否定的狭义来说是自然有的体性（依自起性），广义来说是非缘起的体性，这种体性不存在就是生无自性性的内涵。[①]圆成实性上建立的无自性，所否定的是戏论体性，这种体性不存在就是胜义无自性性的内涵。[②]由于圆成实性本身是胜义谛，依他起性不是，所以如果认为圆成实性中有依他起性，这样的依他起性在这种情况中也是戏论体性，胜义无自性以此戏论体性不存在在内的无自性而显示。然而，由于依他起性不是胜义谛，不是根本智的所行境，所以没有胜义自性，依他起性也被取名为胜义无自性性。[③]当然，圆成实性才是真正的胜义无自性性。《解深密经》侧重于否定“法我”，以法无我为圆成实性。此外的经论一些语境中，圆成实性内涵并不局限于法无我。[④]

由假名安立为相，非由自相安立为相，是故说名相无自性性。”（T16，p. 694）

① 《解深密经》卷2：“云何诸法生无自性性？谓诸法依他起相。何以故？此由依他缘力故有，非自然有，是故说名生无自性性。”（T16，p. 694a）

② 《解深密经》卷2：“复有诸法圆成实相，亦名胜义无自性性。何以故？一切诸法法无我性名为胜义，亦得名为无自性性，是一切法胜义谛故，无自性性之所显故。由此因缘，名为胜义无自性性。”（T16，p. 694a–b）《显扬圣教论》卷16：“圆成实自性，由胜义无性故说为无性。何以故？由此自性即是胜义亦是无性，由无戏论我法性故。是故圆成实自性，是胜义故及无戏论性故，说为胜义无性应知。”（T31，p. 559b）

③ 《解深密经》卷2：“诸法由生无自性性故，说名无自性性；即缘生法，亦名胜义无自性性。何以故？于诸法中，若是清净所缘境界，我显示彼以为胜义无自性性，依他起相非是清净所缘境界，是故亦说名为胜义无自性性。”（T16，p. 694a）《显扬圣教论》卷16：“于依他起自性，由异相故，亦得建立为胜义无性。何以故？由无胜义性故。”（T31，p. 559b）

④ 需注意唯识典籍中具体行文中，有些地方把人无我乃至清净依他起性归类为圆成实性。

此中，体性异而空是通用的“空”的方式，却有种观点认为唯识是他空，自标榜“自空”。可以从这些方式思择：对于无自性空（“自空”），空性与自性难道不是体性异而是体性一？如果体性一，应证得和所遮破的是同一个，那么证空性就是证自性，破自性就是破空性……具有此等过失。总之，所破的和所证的必定是体性异，体性一而空有很多过患。

三自性的各别无自性核心要点整理为下表：

表1：

三自性（三无性）	体性成立方式	所遮的体性	“空”的方式
依他起性（生无自性）	通过缘起获得的体性	非缘起的体性，不平等因、无因等方式成立。主体是自然有的体性（依自起性）	异性空（如性空性），不如妄所执那般的体性（与妄所执自性体性异）
遍计所执性（相无自性）	名言增上之力安立的体性	以自相成立为有的体性（遍计所执性是增益建构，否定其体性是自相有、自性有）	无性空（自性空性），没有理趣能够说为有
圆成实性（胜义无自性）	胜义谛体及无自性	戏论体性（分别心构建的非胜义的体性）	自性空（真性空性），无我所显为其体性

三自性的体性如何成立，即可依于此否定所遮自性，也就是以其体性成立方式反过来确立否定何等体性，三无性就以这样方式建立。建立三无性不是因为自性分三种，而是因为三性有内在关系。如《解深密经》卷2所说：“**胜义生！非由有情界中诸有情类，别观遍计所执自性为自性故，亦非由彼别观依他起自性及圆成实自性为自性故，我立三种无自性性；然由有情于依他起自性及圆成实自性上，增益遍计所执自性故，我立三种无自性性。**”（T16, p. 694b–c）不是因为遍计所执性是一种自性，依圆二性各是一种自性。而是因为遍计所执性之于依圆二性都是增益，依他起性之于遍圆二性都是基础，圆成实性之于依遍二性是胜义性或无所有性。虽然有时候可以说三自性和三无性是一回事，但是有时候还是要区分。这样，别别观择遍依圆三性，并不足以证悟三无性。

此处可能需要提及两种假名安立及遍计。假名安立基于它本来就不是某物，无论何人如何施设它为某物也不是某物，它只是被认为、称呼为某物。反过来说，如果某物本就是某物，压根不需要安立（施设）为某物，它作为某物是依自性而非假名安立。这样，就不难理解：假名安立的力量不能决定某法是所安立的某物，其真实情况并非如所安立（施设），就决定不能诽拨离言自性。安立（施设）可以针对有体之法，也可以针对无体之法，也就是把或有体或无体的法假名安立（施设）为某物。乱识无论对存在或不存在的事物进行安立，都会产生遍计所执性。在获得根本智之前，必然需要借助于分别心修行，这是说需要“正确”计度（思维）缘起、无我等。凡夫思维佛法难以摆脱名言的影响，“正确”计度是有用的，这种计度产生的遍计所执尽管最终需要断除，在相当长的阶段都是需要的，毕竟它是如理思维法义的标识物。

余论二 “无”与识转变

唯识典籍中习惯使用有自性（三自性）说明如何“有”（存在）以及使用无自性（三无性）说明如何“无”（不存在）。有自性及无自性的问题，就成为某种体性的存在方式和显现方式的问题。譬如是有缘起支撑其存在（显现），还是仅仅以名言之力而存在（显现）。鉴于对“自性”的界定并不相同，仅仅从“自性”这个词来说明何以肯定或否定，很可能无助于探讨。某个体性如果并无缘起支撑，就是不存在的，就可以判摄为应否定的自性。如果一种自性是存在的体性，根本不是增益建立，就不应该否定，否则就落入损减边（无边）。“体性”（自性）的有无需要以殊胜量来决断，也就是以所知障净智来判断。当探讨的双方都不是佛，乃至都具有异生性，只能以双方受许的缘起来探讨。

唯识无境缘起和外境有缘起是典型的对立观点，一者否定外境，一者不否定外境；一者受许唯识性，一者反对唯识性。由于诸法是否依赖识成立，双方意见截然相反，双方其实找不到共许有法，从根本上来说探讨就无法进行。如果有意想探讨，势必要做出些退步，以找到双方可接受的基点，以这个基点作为有法展开探讨。在这个方向上，单纯以“无自性”介入探讨无益，因为所无的自性必定是被殊胜量决断为无的体性，也就是没有缘起支撑其成立为有的体性；双方缘起观对立会导致所否定的“自性”不一致，使用自方所许的“无自性”证明另一方所许的自性乃至缘起观不成立并无逻辑效力。

回到有（存在）和无（非存在），也就是自性和无自性的问题。众生习惯根据心识中的显像，认定境的情况。譬如某类色盲眼识显现灰色树叶的显像，认定树上有灰色树叶。很多人依据眼识显现绿色树叶的显像，认定树上有绿色树叶。如果世界上绝大多数人是那类色盲，也就约定灰色树叶是世间世俗谛，而眼根正常的人会被认为眼睛有病患。有情世间的颠倒虽未必如此明显，但本质上类似。

《三摩地王经》说：“眼耳鼻非量，舌身意亦非，若诸根是量，圣道复益谁？”如果以佛的净识不颠倒，只有这样的识认知真实，众生的心识根本不是量，对世界的认知就是颠倒的。在很多情况下，可以这样认为。这也就是说，众生认为有的，万物以那般的相状而存在，完全可能只是基于共同的颠倒，其实那般相状的万物压根不存在，万物也不以那般的相状安住。[1]所以，为了追求真实，众生才需进求佛智，以佛法为师（法为自洲），圣道才是有用的。

有情不见真实的原因，当然是心识，毕竟需要通过心识来认

---

① 这样的情况，叶少勇近些年提出“认知论虚无主义”，他认为根本中论的立场就是“认知论虚无主义”。比如，他在《〈中论佛护释〉译注》中说：“笔者认为认识论虚无主义是最接近中观古学思想特征的现代哲学框架，其与本体论虚无主义的最大不同之处在于，认识论虚无主义所否定的并不是形而上学意义上的存在，而是符合凡夫所感、所知那样的存在，是主张符合凡夫所认识的事物是绝无可能存在的。”（上海：中西书局，2021年，“导论”，页10）“换句话说，凡夫凡有所感所知，都是循着执著自性的方式产生，都是在臆造毫无存在可能性的对象，这样也就不可能从凡夫的认识中剥离出一个绝对错谬的自性执著，却赦免其余的部分，承认其相对合理性。这就是为什么笔者要为这种‘虚无主义’之前加一个‘认识论’的限定。龙树所遮破的自性并未完全遵循小乘部派的本体论定义，而是在认识论维度上予以推进。”（“导论”，页12）

知诸法。心识不见真实，源于无法显现真实。心识无法显现真实，也就意味着心识低劣或者说有局限。其原因可以归结到烦恼障和所知障之上，这二障导致颠倒或错乱的心识出现。当然，也可以这样表述：遍计所执相言说习气或所取能取分别所熏习种子，造成识和境都没有显现真实相，如所现那般的能认知和所认知都不存在，这就造成识和境的显现都像是幻象、毛轮等等。

由于第八识见境是“不可知”，简单说不能像根识那般了境，所以在探讨认知境的时候，我们可以略过第八识。就我们平常所感知的六识进行探讨即可，这是说也不是不可以略过第七识。对于第七识，或许需要说明：唯识理论承许其存在，首要的原因是解说凡夫在行善或无心位时为何还是凡夫的问题，其次回答大乘圣者具有平等性智相应心品的问题。至于论证，《摄大乘论》等典籍提出意识也应像前五识一样有根作为俱有依（五同法）等多项证明。当然，《摄大乘论》等也从入灭尽定的阿罗汉与死人何以区别等方面论证第八识的存在。由于本文主题关系，这些论证不予具体说明。

《三自性颂》对八识的描述出现颂6–9，完全可以说太略，这注定仅就这些描述，铺陈太多可能失去《三自性颂》本意。仅就这三个颂而言，整个八识都是虚妄分别。第八识被称为“根本识”，体是异熟或说具有异熟特性，是烦恼习气种子积集而成。“根本”的含义，可能更多地需要从颂29指出的第八识是转识（前七识）以不真实显现的方式出现的根本原因来理解。这个根本原因造成转识虚妄显现能所，就好比咒语之力产生的大象影像。简单说，转识以迷乱方式出现的“迷因”是第八识。整个八识都是依他起性，由于都是虚妄分别，所以此论的依他起性偏于杂染。

这种情况下，理解《三自性颂》中的三性需要结合幻术喻。从颂27–30不难发现，第八识像是咒语，造成前七识显现出迷乱的行相，如此这般的前七识就像是大象的样子，这是譬喻依他起性。基于这样的带有能所二现的识计执二取性，就犹如计执大象如现而有，这是说明遍计所执性。至于作为道具的木材，则是譬喻被掩藏起来的圆成实性。心识没有显现圆成实性，就不得圆成实性。这个譬喻对三性关系的说明，雷同于《解深密经》中的翳眼喻。翳眼中显现的毛发等的样子譬喻依他起性，据此而认为存在具有如此样子的毛发等等过患譬喻遍计所执性。净眼人既无翳眼，又无过患，其眼识所行的无错乱境界譬喻圆成实性。这样，就不难理解“圆成实性是前二性（遍依二性）之无”的说法。

那么，转识为何错乱显现？从譬喻不难发现，是依于第八识之力，第八识扮演了咒语的角色。第八识积集业烦恼习气，于中扼要者当属遍计所执相（性）言说习气。参照《解深密经》中颇胝迦宝譬喻的行文不难发现，由于依他起性上杂合了这一习气，依他起法虚妄显现为遍计所执性的影像，对应譬喻中颇胝迦宝上有似黄金等的相出现，依此等相有对黄金等的执著。对于“依他起性”的“他”，完全可以偏于理解成遍计所执相（性）言说习气。换言之，对遍计所执性的执著熏染遍计所执相（性）言说习气，导致这样的依他起性出现。

结合识转变，遍计所执性（相）执出现的情况，心中显现两种情况：1.完全遍计所执的显像。2.依他起性的显像和遍计所执的显像掺杂在一起的显像。后者仍然是遍计所执的显像，好比同时显现兔子和兔角的样子，就是头上长有角的兔子的显像。这样可知，心识的识转变导致识如斯出现的时候，就已经无法避免地带有遍计所执性相。换言之，法的相和法我的相一起显现，法显现为具有法我的情状，法看起来是法有我的法，而非法无我的“唯法”。[1]

鉴于初地菩萨起才能够产生依他起性如幻的观感，毫不夸张地说，在凡夫的观感中识与境并不表现为如幻，似识（似能取）及似境（似所取）被体验为二取性（遍计所执性）。换言之，似识及似境虽然归属为依他起性，然而在凡夫认知中所体验到的识与境归属于遍计所执，是对二取性的双重体验。在这种情况下，凡夫佛教徒将所体验到的识与境误认为是依他起性，实际上那只是名言增上之力建构的所谓识与境，亦即建立起了言说自性中的识

① 《摄大乘论》中虚妄分别识本身是依他起性，虚妄分别识显现的相是遍计所执性，因为这显现了遍计所执自性相。比如显现法我的样子（法显现为法有我的法），人我的样子（有情显现为有情有我的有情）。世亲《摄大乘论释》卷4：“论曰：此中何者遍计所执相？谓于无义唯有识中，似义显现。释曰：于无义者，谓无所取，如实无我。唯有识中者，谓无实义。似义识中，如唯似我显现识中。似义显现者，似所取义相貌显现，如实无我似我显现。”（T31，p. 338b）依据这显像执著如现而有的遍计所执性，顺带着也把这显现称之为遍计所执性。无性《摄大乘论释》卷4：“谓于无义唯有识中似义显现者，实无所取及能取义，唯有虚妄分别所摄种种识中遍计所取似义显现。”（T31，p. 399b）也突显说明“显现”这层意思。二取义（二取性）是遍计所执性，在被遍计的时候，就成为所取（境），由于这所取（境）是虚妄显现，所以称为“似所取”“似义”。“似义显现”中显现的“似义”，必须结合“显现”理解，也就是虚妄分别而显现出的相，在《解深密经》等中一般是判为依他起性。《摄论》中判为遍计所执性，我觉得称之为“遍计所执自性相”更便于理解。《摄大乘论本》卷2：“又此诸识皆唯有识，都无义故。此中以何为喻显示？应知梦等为喻显示。谓如梦中都无其义独唯有识，虽种种色声香味触，舍林地山似义影现，而于此中都无有义。”（T31，p. 138a）梦到的色、声、香、味、触、舍、林、地、山等譬喻“似义”，还是显现出的相。所以，《摄论》中的“似义”也就是“遍计所执自性相”，按通常的判摄实际是依他起性。由于透由执著遍计所执自性相而执著遍计所执自性，所以顺带着把此显相视为遍计所执性。由于它是以颠倒的原因出现的，是对不存在的事物反映，尽管分别心把握为有，实际是不应该具有的，所以也可以说具有有和无两个特性。

与境，二者都是观念中的事物（=遍计所执性）。[①]

由于遍计所执相（性）言说习气，色声等等在心中显现为与实际情况不相符合的样子，如那个样子的法并不存在（如所显现不如是有），然而凡夫执著如所显现如是而有。这种情况是凡夫无法超出的，凡夫见闻觉知都受制于此。即使善心位的意识无执，即使承许前五识没有遍计，充其量这个时候是说不去执著如现而有，但是颠倒显现依旧存在。这就犹如翳眼人不执著空中有如现而有的毛发，但还是显现毛发的显相。从这里大抵可以理解无相唯识的立场，比如即使第八识无覆无记，显现器世界也还是有错乱显像，如凡夫所见的世界并不存在。这样，就有理由否定凡夫认知的一切。结合做梦来说，如果梦本是以错乱的原因出现，再

---

① 《摄论》用“似义显现”界定遍计所执性的行文，必须结合“显现”理解。结合幻术譬喻中，大象被乱识显现出来（或者说木块显现为大象），由于那样的大象不存在（=实际不是大象）而成为“似大象”，这样可以说“似大象显现”，这般理解“似义显现”。比如显现法我的样子（=法显现为法有我的法），可以称为“似法我”“似法”。无性《摄大乘论释》卷4：“谓于无义唯有识中似义显现者，实无所取及能取义，唯有虚妄分别所摄种种识中遍计所取似义显现。”(T31, p. 399b)此中，“似义”中的“义”是指二取性（遍计所执性），“似义”是相似于二取性（遍计所执性）。“似义显现”意味着乱识显现为犹如所取及能取。由于这样的乱识显现反映遍计所执性，也可说为显现遍计所执性。对此也可参世亲《摄大乘论释》卷4：“论曰：此中何者遍计所执相？谓于无义唯有识中，似义显现。释曰：于无义者，谓无所取，如实无我。唯有识中者，谓无实义。似义识中，如唯似我显现识中。似义显现者，似所取义相貌显现，如实无我似我显现。”(T31, p. 338b)在“义”（二取遍计所执性）被显现和遍计的时候，成为所取（境），由于这所取（境）是虚妄显现的相似义，所以称为“似所取”“似义”。对外，也可以参考《摄大乘论本》卷2：“又此诸识皆唯有识，都无义故。此中以何为喻显示？应知梦等为喻显示。谓如梦中都无其义独唯有识，虽种种色声香味触，舍林地山似义影现，而于此中都无有义。”(T31, p. 138a)梦中出现的舍、林、地、山等是其实不存在的“义”，做梦的意识显现相似于它们的影像是“似义”。这影像按通常的判摄归属于依他起性。此中，“似义”标志着乱识显现“义”，意味着遍计所执性被显现出来。这样，依他起性表现遍计所执性（显现遍计所执性）。此外透由似义影像耽着遍计所执自性，所以顺带着把此影像视为遍计所执性。

去肯定做梦及梦中显现的山河大地自他等等情与非情的存在，并无太大意义。

由于这样的关系，除遣依他起性（虚妄分别）就建立在除遣遍计所执性（相）上。通过否定认知对象，否定带有这样的境的心识。境是心识的一部分，识转变本身注定识带着境一起出现，也就是识以显现能所的方式出现。犹如对于头上长角的兔子，只是否定兔角却不否定兔身是没有意义的，因为长角的兔子根本不存在，无论其兔角还是躯干都不存在。心识已经错乱显现，理应否定这样的心识的全部。又如对于翳眼人，否定毛发显像是不够的，翳眼得不到根治，终究无以显现净眼所行真实。

一旦遍计所执相（性）言说习气不存在，那么就没有错乱显像及由此而生的遍计所执相执，也就没有依他起性（虚妄分别）。《解深密经》中说：“**相名相应以为缘故，遍计所执相而可了知；依他起相上，遍计所执相执以为缘故，依他起相而可了知；依他起相上，遍计所执相无执以为缘故，圆成实相而可了知。**”[①]此中，遍计所执相（性）言说习气一大作用就是实现“相名相应”。相（事物）与名（概念）本来没有关联，也就是丝毫不相应。譬如，对于刷微信朋友圈的东西，个人愿意称之为“手机”“茄子”等都无所谓，只是与他人交流的时候需选择“手机”这个名。“手机”是人类社会已经约定的，如果最早约定的是另外一个名，现在的人们也就用此名来称呼这东西。“手机”的意指性是分别心实现的，实际这个名并不指向那个相（事物）。仅仅是在约定之后，在分别心中，“手机”和那个相（事物）才有了关联，意识构建了这一能

① 《解深密经》卷2，T16, p. 693b。

诠和所诠的关系。也就是说，名上无相，名没有能诠性，不是能指（signifier）；相上无名，相没有所诠性，不是所指（signified）；相与名上都没有能诠所诠关系，仅仅是分别心安立的指称关系，由此相如名显现及名如相显现或混执相名为一。

“相名相应”会产生遍计，依此建立假名安立的体性。最常见的两种遍计是遍计自性（体性）和遍计差别，此中基本的遍计是系词“是”。以“这（S）是P”（德语：S ist P）为例，“是”基于构建P的作用，实现主语和谓语的结合,体现了根深蒂固的分别。其中，P代表观察者基于当前分别及过往的认知经验或已知描述对此处（S）所作出的判定。在这一认知过程中，S被认知成P。P的内容成为对S本质属性的规定。无论具体是遍计自性（体性），还是遍计差别，“是这样的自性”“是这样的差别”都包含这种基本遍计。“是”是分别心的假名安立活动，也是建立遍计所执性的运动，这一活动必然有虚假显现及虚妄分别。其结果就是S被用P表述，P被赋予S，这意味着S被P取代，或者说S与P出现同一性。至于假名安立的体性，无论强调彼体性是否成就，其实都是言说自性（假言自性），也就是遍计所执性。在谓语P不出场的情况下，形而上学的立场上“S ist”暗含主语S的自存。这样的S很可能不是离言自性，依旧是名言建构的“法我”。离言自性毕竟不是依名言安立之力的建构，也无法被言说企及。

《解深密经》确立的“离言法性”包含依圆二性，或者说离言有为法及离言无为法。这二者既不是言语表述的有为法，也不是言语表述的无为法。离言有为法及离言无为法一旦有名言介入，被表述出来的就不是离言法性（离言自性），而是言说自性（假言自性）。“是”在分别心中出现，意味着离言法性（离言自性）被认知为及表述成言说自性（假言自性），这是在依圆二性上增益安立遍计所执性。

凡夫认知的一切都是识转变的结果，而识转变受到遍计所执性言说习气的影响，具有颠倒或错乱显现。换言之，凡夫所见者是不真实的显现，有遍计所执的影像。这就注定欲认知真实，必须承认凡夫认知的虚妄，彻底否定凡夫的认知，对于相无自性产生胜解。

余论三　从无跨入到空性

越是那些尚未被认知的事物，众人对其构想便越是纷繁复杂；而对于眼前所见的事物，构想则显得相对简单。前者的典型代表便是“空性”。许多人将空性理解为类似于绝对空间或绝对时间的存在，认为它能够容纳万物，因此以此思维空性。这样的理解和思维很容易出现偏差，毕竟完全基于分别构建。或许我们可以围绕着空性限是心智的所缘缘进行思维，这样限定范围更小，避免过多的意识分别构建。在对空性的理解上，凡夫自然会有意识的分别构建，这种构建的减少并非坏事。基于对所缘缘的限定理解，可以借用一个比喻：心智如同一扇窗户，打开窗户便能看到空性；或者心智如同一辆车，通过它可以抵达空的境界。

若两个人都执著于某一法，对于该法的执著却是存在差异，只有各自破除对所执之法（法我）的执著，方能认知法空（法无我）。每个人所破除的执著类别千差万别。张三破除他的所执，证悟了没有他所执自性所显现的空；李四破除他的所执，证悟了没有他所执自性所显现的空。可以说，两人所破的都是法我，但他们各自所构造的法我是有所不同的。除非两人的痴、慧等心所完全相同，然而认为两人的慧心所是同一个慧心所明显错误，类似地，两人的痴心所亦非同一。基于这些不同的心所，执著的内容、力度等方面自然也会有所差异。总之，讨论空性时不应脱离心智，将空性限定在所缘缘上，这样理解也更为妥当。

“破执不破法”某种意义上是正确表述，毕竟去除增益执及损减执就如实认知法。然而，如幻、如梦等思想意味着有众多法没有如实显现，也就是彼等法的真实相没有显现，定然不是如现而有，都是如所显现非如是有，如现而有的法必定是应破除或断除的。从这个意义上，可以说“破执必破法”。具有颠倒显现及没有如实认知法的情况下，谈论“破执必破法”比“破执不破法”更有实践意义。

有这样一个问题很重要：如何从存在论上的空（无），转变成认知论上的证空性（无所有性）？必然只能从心上回答。我们选择见道的根本智，根本智在缘取法的时候只缘取其胜义谛层面。以认识意识的空性来说，在认知意识时候，意识的世俗谛相不显现，意识的胜义谛相显现，这样就认识了意识的空性。存在论的原则是：在存在的法上认知空性。不存在的事物，譬如龟毛兔角，根本就认知不到，更是谈不上认知它的空性。所以，是在依他起性上安立圆成实性，不是在遍计所执性上安立圆成实性。这就可以理解，遍计所执性没有资格建立胜义无自性，相无自性并没有达到胜义无自性的空分。

存在和不存在的事物，都可以被虚妄显现，这种虚妄显现障蔽胜义，具有“覆”的含义。此中，不但有虚假显现以及假名安立，还有对其的执著，障蔽认知真实，可以称为覆俗谛（世俗谛）、名言谛。[①]认知真谛必须去除覆（俗），认知及覆（俗）都基于心识。

① 《南海寄归内法传》卷4：“‘覆俗谛’者，旧云‘世俗谛’，义不尽也。意道俗事覆他真理。色本非瓶，妄为瓶解；声无歌曲，漫作歌心。又复，识相生时体无分别，无明所蔽妄起众形，不了自心，谓境居外，蛇绳并谬、正智斯沦，由此盖真名为‘覆俗’矣。此据‘覆’即是‘俗’，名为‘覆俗’。或可但云‘真谛覆谛’。”（T54, p. 228b）

《三自性颂》中提到根本识像是咒语，我们也可以结合“如梦”的譬喻来理解根本识。在梦中，我们像是主观体验者，梦境则像是客体存在。尽管这两者表现得明显对立，但都属于我们做梦意识的意识内容。它们由认知活动创建和塑造，并没有所谓的真正的认知者以及被认知的对象，简言之，彼等虽无所有却生起亦显现。我们可以断定，梦中的主客对立只是我们的意识投射出的假象，源自我们习惯性的感知和思维方式。我们将这个理念扩展到梦醒之后的生活中，就可以质疑我们所面对的现实世界。所谓的现实世界中的“事物”只是心识呈现或构建出来的观念中的“事物”，这意味着不同的观察者会有不同的经验和理解。无论现量还是比量，都通过心识把认知内容转化为个体理解的形式。这个过程涉及信息的筛选、解释和加工，形成的结果必定是心识的内容，不可能在识外的存在。推究起来，如同梦中观察者居于意识构建的世界里一般，我们生活在根本识构建的世界里。如同做梦的意识显现梦境中主客对立认知一般，根本识显现“似义”“似根”“似我”“似了”也在“现实”中被分化为主客对立的认知。类似地，如同梦境中主客认知虚妄一般，“现实”中的主客认知也是虚妄分别。这样的虚妄分别形成了所谓的现实世界，当然也形成了经验世界，以及建构了观念中的万事万物。如同我们为了说明真实情况，宣说梦中事物空无所有一般，我们也可以宣说“现实”中的事物空无所有。总之，空性之理在做梦意识及其显现上成立，在根本识及其显现上也成立。

对于宣说空性（无自性）的著作，教界和学界往往想到龙树著作《中论颂》。龙树造此论的目的并不是像阿毗达磨论典一样建立诸法自性、差别等等，而是引导证悟空性（无自性），笔者认为这至少给我们一种暗示，这种暗示是我们不要站在佛真俗并观的高度去理解龙树中观思想，应该着眼于凡夫的现实，侧重于其具有的实践意义理解，也就是从作为观修的指导来理解其思想。

根本中论“众因缘生法，我说即是无；亦为是假名，亦是中道义”[①]等颂，显示“缘起”和“空性”是同义。龙树认为描述诸有为法依存关系的“此缘性”并不是“缘起”，他认为缘起具有超越性，是胜义谛。在其他宗派，乃至部分中观论者中，缘起属于世俗谛，是描述诸有为法依存关系的理则。依据缘起成立缘已生法，这是阿含经固有的立场。当然，阿含中缘起偏于十二缘起，也就是“分别爱非爱缘起”。唯识宗受许的缘起是基于识转变的唯识无境缘起，分别爱非爱缘起是这一缘起的重要组成部分，而最根本的是“分别自性缘起”。

如果缘起是胜义谛，观择缘起就是观择胜义。观择自性不成立，就是观择言说自性不成立，了知言语所显的法不存在。观择自性的不存在与观择缘起之间，仍然缺了一环。也就是，需要从观择自性不存在所得的“无”跨入胜义。如何从无跨入胜义需要深挖，也就是需要深入研究如何从观择无所有进入观择无所有性（空性）。

证入胜义非但要除遣虚妄分别产生的构造物，也需要泯灭有为法行相（包含识境形成的能所二元），此中就存在如何从无跨入胜义的问题。我们参考护法对提婆思想的解读，以色法为例说明：

---

① 叶少勇翻译为：“我们主张彼缘起，[本身]即是此空性，此即假托而施设，此者亦即是中道。”（《中论颂：梵藏汉合校·导读·译注》，上海：中西书局，2011年，页427）对此他解释：“我方主张，缘起就是空性，这个空性也只是一个假托施设，而无所诠之体，因此不堕二边，即是中道。也就是说，缘起、空性、中道三者等同。”（页409）

若一切法都无所有，如何无性而复言性？若言“色等世俗无性即是色等胜义之性”，与理相违，所以者何？夫“胜义”者，分别戏论所不能及，岂得以“无”为其自性？若以“无性”为自性者，应类余“无”不名“胜义”，应不能证无上菩提，则违自宗成大过失。①

“无”并不存在，凡夫与圣者皆认知不到。如果胜智已经决断某法如龟毛兔角一般不存在（“无性”），就根本不可能认知到该法的法性。因为其本身并无法性（胜义谛体）可言，犹如龟毛兔角无论从世俗还是胜义理趣来说都非有，没有法性可供认知。

“无自性性为自性”也就意味着“无”不可能是胜义，对“无”的了知仍然没有超脱分别心的寻思。胜义离言，超过寻思境。这样，我们应该认为作为实相的空性存在，这种存在与有为法的存在有差异，甚至不能说“存在”。空性离有无二边，然而空性一定于观察胜义的心智决定空性的决定前有，否则空性就不是观察胜义的心智的自境，从而彼心智也不堪为圣智，如同龟毛兔角不是圣智。另一方面，为了避免对空性的执著，也要宣说空性是假名，彻底摆脱分别心对空性的名言安立。

理清这个问题，从三自性和三无性下手较为容易。遍计所执性没有资格被称为“胜义无自性性”，依他起性虽然有资格被称为“胜义无自性性”，但并不是真正的胜义无自性。只有圆成实性才是真正的胜义无自性，证知这种胜义无自性，仅仅除遣遍计所执性是不够的，还需要除遣依他起性。②如此，观境唯是心的显现（观

---

① 《大乘广百论释论》卷10，T30，p.248c。

② 于此可对照《瑜伽师地论》卷74：“问：‘若观行者如实悟入遍计所执自性时，当言随入何等自性？’答：‘圆成实自性。’问：‘若观行者随入圆成实自性时，当

境不可得）之后，也要超越有显现的心，达致无显现（识境俱不可得）继而趣入真如。对此，《解深密经》卷3说为：**“善男子！由真如作意，除遣法相及与义相；若于其名及名自性无所得时，亦不观彼所依之相，如是除遣。如于其名，于句、于文、于一切义，当知亦尔；乃至于界及界自性无所得时，亦不观彼所依之相，如是除遣。”**（T16，p700c）此中，名或名自性的“所依之相”是依他起有为法（相、事），对依他起有为法（相、事）是以名言增上之力表述，此中既有法相也有义相。这样，在有为法上，仅仅观择那个“无作”“不待异法”“无变异”限定的自性不存在，所得的“空”充其量是相无自性性。如前所说，相无自性性并不是胜义无自性，遍计所执性没有资格称为胜义无自性。

对此，可能有必要结合唯识学在法上建立的三种空性理解。**“又有三种空性，谓自性空性、如性空性、真性空性。初依遍计所执自性观，由此自相定非有故。第二依依他起自性观，由此如所计度皆非有故。第三依圆成实自性观，由此即空真性故。”**[①]需要缘证的是真性空性，实现这一步，不但要观择自性空性，还需要观择如性空性。或许，有中观论者质疑，“何不直接观择真性空性！”那么唯识论者就可以反问，“何不直接观择空性？不必观择‘自性’如何不成立。”

凡夫之所以不能亲证空性，是因为凡夫的心智没有亲证空性的堪能。换言之，需要把观择的分别心变成根本无分别智才能亲证空性。这一转换必然意味着去除分别，而这种去除必然是逐步的，需要逐渐消弭分别习气，不可能一蹴而就。从这个点来说，

言除遣何等自性？’答：‘依他起自性。’”（T30，p.705b）

① 《大乘阿毗达磨杂集论》卷6，T31，pp.720c–721b。

也不可能直接现观真性空性。

对心识的虚妄显现要有两方面的认知：一方面固然以名言增上之力建构的诸法都不存在，另一方面能所也是虚妄显现。唯由如此观择，才能获得堪能亲证悟空性的无分别智。对于能所也是虚妄显现，这是除遣依他起性的观择。步骤上，先观境（所取）空，次印忍境（所取）空；再观识（能取）空，次印忍识（能取）空，后双印识境空（二取空）。在这个观择中，仅仅把二取解释为遍计所执性，充其量除遣遍计所执性，心识仍然有能所显现。然而，根本智没有能所显现，湮灭了能所二现。

《摄大乘论》以绳蛇喻说明，先除遣遍计所执性，次除遣依起性，才能证圆成实性的道理。[①]这样不难看出，仅仅观择唯识所变

---

① 《摄大乘论本》卷2："此悟入唯识性中，何所悟入？如何悟入？入唯识性，相见二性，及种种性：若名，若义，自性，差别假，自性差别义，如是六种义皆无故；所取能取性现前故；一时现似种种相义而生起故。如暗中绳显现似蛇，譬如绳上蛇非真实，以无有故。若已了知彼义无者，蛇觉虽灭，绳觉犹在。若以微细品类分析，此又虚妄，色香味触为其相故，此觉为依绳觉当灭。如是于彼似文似义六相意言，伏除非实六相义时，唯识性觉犹如蛇觉亦当除遣，由圆成实自性觉故。"（T31，pp. 142c–143a）无性《摄大乘论释》卷6："释曰：于此悟入唯识性中，欲显所入及入譬喻，故为此问'若义无有，于此悟入唯识性中，为何所入？'此意难言'此唯识性即是其义，云何义无？'为遮此难，故先说言入唯识性。谓此识义亦无义性，非唯外义是无所有。'若无义性，云何得有十二处教？云何世间有义言说？'为遮此难，故次说言相见二性虽无实义，识似内外二义显现，无始言说熏习力故，识似义转似了别用说名为见，故不相违。'为唯悟入似相似见识别种类，为不尔耶？'为答此问，故说悟入及种种性，谓唯一识，所取能取性差别故，于一时间分为二种。又于一识似三相现，所取、能取及自证分名为三相。如是三相，一识义分，非一非异，如余处辨。于一识上有多相现，故名种种。名等六相无有义等，释前三种。为答前问'如何悟入'，故复说言如暗中绳显现似蛇，由此譬喻成立通达三种自性。譬如绳上蛇非真实，以无有故。如是似名似义意言，依他起上名等六种遍计所执亦非真实，以无有故。又于此中如依绳觉舍于蛇觉，如是依止唯识显现依他起觉，舍于六义遍计执觉。如依色等细分之觉除遣绳觉，如是依止圆成实觉遣依他起迷乱之觉。如有颂言'于绳谓蛇智，见绳了义无，证见彼分时，知如蛇智乱。'伏除非实六相义时者，是非有义，六种非实义非有为相

的道理，保留对依他起性的觉知（唯识性觉），也就不除遣心识，执意以带有能所二现的心识证空性，不可能亲证胜义。这个观择中，但凡还有“少物”显现，就说明没有能现证圆成实性。

在有相唯识的观择中，有一个思维是：能所观待，所取既无，能取亦应无。有些资料中，并不承认此中能取其实是识或说见分、所取是境或说是相分。无相唯识干脆利索地主张，依他起识是虚妄显现，识境都是无而现似有或虽有而不真，如同咒术导致大象的影像妄现，这样直接针对虚妄分别的能所二现。以无相唯识来说，虚妄分别识的见相二分都是应否定的，认为存在确实具有所显现的相的识境都是妄执，虚妄分别的心王和心所实际上都应磨灭，以这个方式消磨虚妄分别的习气。这样的观念中，根本智是不带有能所二现的，也就是说既无见分也无相分。[①]

在观择遍计安立的诸法无所有之后，需要观择空性，以空中无色、识等依他起性的观择，消磨虚妄分别习气，才可能证空性（圆成实性）。也就是说，证空性除遣遍计所执性远远不够，不但是要观择圆成实性是一分胜义无自性，也需要观择依他起性是一分胜义无自性。只有这样，才能从无及从缘起理则跨入空性。总之，通过不断串习对圆成实性（空性）的观察，以观察圆成实性（空性）之力反作用于能观的心智，如同两木相磨生火烧掉两木，最后牵引根本智生起现观圆成实性（空性）。

《三自性颂》18–20颂提出圆成实性本质与遍计所执性本质无

故。”（T31，p. 415b–c）

① 护法所传的有相唯识认为有见分，理由是需要以见分认知真如。无相唯识立场是如果是这样就还是有能所，就不是根本智。正由于没有能所二现，根本智本具的明分没有障蔽地显现，从而证悟胜义。略说如此，具体探讨可参阅拙文《佛智的认知模型初探：四分说在佛智上的困难及探索》等。

异，遍计所执性本质与圆成实性本质无异，圆成实性本质与依他起性本质无异，依他起性本质与圆成实性本质无异。能取所取遍计所执性之无所显的二取空性是圆成实性的本质，就遍计所执性而言二取性也是不存在的。遍计所执性这样无自性，在乱识（依他起性）中显现为有自性，换言之遍计所执被显现出来。这种颠倒或错乱显现，同时造成依他起性真实相貌并没有被显现出来，显现出来了遍计所执相貌，从而依他起性显现的形态变成了反映遍计所执。这样，如所显现的依他起性其实是遍计所执性，也是所空。如同譬喻真如（圆成实性）的木块不显现，譬喻遍依二性的大象及大象行相显现，在木材上根本不存在大象的身及相；如现而有的二取体性于圆成实性为"无"，心识的能所二现于圆成实性也为无。这样，圆成实性需要除遣遍依二性才能显现。

宝藏寂把唯识无境修证历程分为四瑜伽地，分别是缘于事边际，缘于唯识（唯心），缘于真如，缘于无显现（无所缘）。[①]第一瑜伽地其实是观察五蕴、十二处、十八界诸法，不再以世俗的眼光看待器世界和有情世界，重点是尽所有性"唯法（唯事）"，体会境必是内境，消磨外境的观感。第二瑜伽地深入体悟唯识性觉，了知色声等只是由于名言而安立的"唯名"，以及义（相、事）虚妄显现为义（相、事）。万法并无所取及能取，仅仅只是心，这样体认唯识无境，这包含部分的四寻思及四如实智。第三瑜伽地缘于真如发起圆成实性觉，心识安住于观择真如，具体说是体悟万法唯识并无二取体性，不作意现前的错乱显现，远离色声等想，消磨心识的能所显现，超越第二瑜伽地唯识性觉（依他起性觉）。

① 四瑜伽地内容在宝藏寂论师多部著作中有提及，比如《般若波罗蜜多修持口诀》《中观庄严释成就中道论》《般若波罗蜜多优波提舍》等。

由于实际在第三瑜伽地仍然有世俗影像，所以就以无显现作意消灭分别习气，从而实现第三地的目标，做到了亲证真如，也就成为初地菩萨。从此之后，六度地地升进，最终牵引至佛地，唯识学上习惯将其表述为“转依”。

《三自性颂》中以咒语譬喻阿赖耶识，阿赖耶识是染污依他起相显现的根本原因。前七识在见道位不现起染污行相，但后得位中有时仍然有染污行相出现。成佛需要断除低劣第八识，也就是获得清净第八识，才能够彻底消除染污行相，那时也就得到三身。这样，佛断除五取蕴得到无漏五蕴，安住于无住涅槃，并不像阿罗汉、缘觉断灭五蕴，而法身与五蕴不可说一异。对此，《摄大乘论本》卷3以颂宣说：“诸佛过诸蕴，安住诸蕴中，与彼非一异，不舍而善寂。”（T31，p. 150b）由于没有烦恼障和所知障形成的遮蔽，佛无碍地通达法界，法界在佛智的显现中既没有遍计所执言说习气也没有低劣的依他起性言说习气的影响，这样的法界又被称为“最极清净法界”。

余论四　中道问题

对于“中观（中道观）”的“中（中道）”典型的论述是远离有无二边，“有边”简单说是不存在者被增益为存在，“无边”简单说是存在者被损减为不存在，唯识典籍中更习惯使用“增益（边）”和“损减（边）”来说明这二边。此中，有边其实也包括把假有的许为实有，把世俗有的许为胜义有；无边其实也包含把实有的许为假有或毕竟无，把胜义有的许为世俗有或毕竟无。需要注意：离二边是基于法的存在方式和显现方式进行探讨，不是从“有”“无”都是言说上探讨。这种探讨并非不承许离言自性，而是把离言自性也纳入探讨范围。[①]

中观（中道观）会因为错误界定二边而变成“相似中观（中道观）”“非谛实（不真实即错误的）的中观（中道观）”。比如，把一切的有（存在）也就是如所有性和尽所有性诸法全部放入有边，而事实上“有”并不意味着一定是有边，同样的“无”并不意味着一定是无边。仔细思考这个问题就可以发现，不错误建立二边的前提是如实确立有（存在）和无（不存在），这就只能从法的存在方式或显现方式进行考察。必然地，在不同的缘起观中，法的存在方式或显现方式的建立不同，就导致有边和无边的界定不同，

---

① 依托因和缘起进行依托施设的背景中，如果说“有”和“无”都是言说，那么“离有无”“非有非无”“离戏论”“中道”等也同样是言说，这样根本就没有办法探讨中道观。

远离各自二边的中道观也就不同，这样就有不同的中道观。

我们以中观和唯识争论中涉及的一个问题来说明这个情况：缘起成立的体性（有为法、依他起性）应该许为实有还是假有？对此通常的分析角度是：由于的确有缘起支撑其存在（显现），其并不是没有体性（不存在），应该许为实有而非假有。如果许为假有合理，理由只能是有为法如幻。然而这样的理由牵强，因为法实有也可以如幻。当然，一些中观论者难以理解这样的说法，因为在他们僵化思维中，假有的才能如幻如化，实有的就不能如幻如化。主要原因是他们认为"实有"就是以所遮自性存在（自性有），这种"实有"定义显然无法套用到唯识三性等理论中，然而他们却是沿袭这样的实有概念去理解他人提及的"实有"。另一方面，从受许外境有缘起和唯识无境探讨，由于两种缘起对立，无论一方如何宣说有为法如幻如化，对方都会予以否定，因为认为彼所说的有为法其实如龟毛兔角一般是毕竟无，根本谈不上如幻如化。

在"中观（中道观）"的建立中，对于同一事物不能去讲"非有非无"，否则自相矛盾，那样的"非有非无"并不是中观。"有（存在）"和"无（不存在）"是互绝相违，彼此互为能损所损；否定了"有（存在）"就成立了"无（不存在）"，否定了"无（不存在）"就成立了"有（不存在）"。宝藏寂对此有明确的论断："有及无，彼此是排他之相故。有遮一者，而表征第二者故。遮两者，不应理。"[①]有和无的体性分别被"非有"和"非无"所否定，既然有和无的体性都没有，其实就没有什么可被成立或破斥，这样的情况下的

---

① 宝藏寂：《中观庄严成立中道论》，法光法师译。顾毳老师译为："有无互遮遣他之性相相同故，破一则显明二故，破二不应理。"（《印度后期"空有融合"思想佛典选译》，页266）

“中观（中道观）”没有意义。

不自相矛盾的“非有非无”，只能对一者去讲“非有”，对另一者去讲“非无”，这样通过二者合理成立“非有非无”。这个中观立场是“以某类者存在，某类不存在者，为中观义也。”[①]《辩中边论》等采用这样的中道观。这里仅列出《辩中边论颂》的颂文：“虚妄分别有，于此二都无，此中唯有空，于彼亦有此；故说一切法，非空非不空，有无及有故，是则契中道。”（T31，p. 477c）大意是：由于三界所摄的心识依于颠倒或错乱力量显现，增益了二取性（遍计所执性），所以它是不清净的分别（虚妄分别）。在虚妄分别（依他起性）中没有二取性（遍计所执性），有“二取空”（圆成实性）。这个情况中，虚妄分别（依他起性）当然存在，其是“二取空”（圆成实性）的基础，这样去宣说诸法“非有非无（非空非不空）”的中道。“有、无及有”是主张虚妄分别（依他起性）存在，二取性（遍计所执性）不存在，无二取（远离二取）的空性（圆成实性）存在。这样的中道观是远离有二取性的有边，没有显现为二取的错乱显现及没有二取空的无边。

一法（“余法”）与此外的他法（“所余法”）相比，有三种可能的情况：1.二者体性彼此远离（远离性）。2.二者彼此没有对方体性（非有性）。3.二者不能同时存在（不和合性）。这种原理是“互相无”[②]，“互相无”是成立“中观（中道观）”的基本原理。《瑜伽师地论》中应用这个原理，卷36这样建立“善取空”：“由于此彼

① 宝藏寂：《中观庄严成立中道论》，法光法师译。顾毳老师译为：“部分有，而部分无，即是中观义。”（《印度后期“空有融合”思想佛典选译》，页259）

② 《瑜伽师地论》卷16：“互相无者，谓诸余法，由所余相，若远离性，若非有性。或所余法，与诸余法不和合性。”（T30, p. 362c17–19）

无所有，即由彼故正观为空。复由于此余实是有，即由余故如实知有。”（T30, pp. 488c–489a）这样悟入的二取空性并不是《楞伽经》中所说的最低下的“彼彼空”，具体可参笔者《圆成实性（二取空）与“能取所取异体空”之辨析》一文分析。

对二谛、三性不能如实建立，运用“互相无”的原则时必然出错。毫无疑问地，世俗谛不是胜义谛，胜义谛不是世俗谛，世俗谛于胜义谛中无，胜义谛于世俗谛中无；依他起性不是遍圆二性，遍计所执性不是依圆二性，圆成实性不是依遍二性。即使从某个角度讲“非异”，但绝非“一向一”。这里可能需要提及二谛的关系，二谛一向是“一”的四种过患是：1. 见世俗谛即成见胜义谛。见世俗谛的凡夫就成为见胜义谛的圣者，乃至成为智慧圆满的佛。2. 胜义谛也成为遍染污［既然胜义谛与堕杂染相的世俗谛无异，就会像世俗谛一般遍染污］。3. 世俗谛像胜义谛一样成为常，乃至世俗谛中无任何差别相，诸世俗谛法的自相无差异。在世俗谛中没有千差万别的诸法相，圣者应无能善分别法相之后得智。4. 找不到比世俗谛更殊胜的甚深实相，瑜伽行者也就无需超越世俗谛更求胜义谛。二谛一向是“异”的四种过患是：1. 见胜义谛不能除遣杂染相，见胜义谛的圣者应于二缚不得解脱，应不是圣者。2. 诸法的胜义谛不是遍一切一味，不是诸法共相。3. 胜义谛不是无我性、无自性所显，不是无相所行。4. 真俗应俱时别相成立，证胜义谛时无需除遣杂染相，见遍染污世俗相时也不会障净。①

---

① 参拙著《唯识宗与应成派宗义抉择》，页 894–897。《解深密经》相关经文整理，一向一的过患有四条：1. 若胜义谛相与诸行相都无异者，应于今时一切异生皆已见谛；又诸异生皆应已得无上方便安隐涅槃；或应已证阿耨多罗三藐三菩提。2. 若胜义谛相与诸行相都无异者，如诸行相堕杂染相，此胜义谛相亦应如是堕杂染相。3. 若胜义谛相与诸行相都无异者，如胜义谛相于诸行相无有差别，一切行相亦应如是无有差

只有如此，依"互相无"来说，在属于世俗谛（依他起性）的法中找不出胜义谛（圆成实性），在属于胜义谛（圆成实性）的法中找不出世俗谛（依他起性）。这样才能正确成立，心识执持遍计所执性或依他起性就不是执持圆成实性，遮破遍计所执才能如实认知圆成实性和依他起性，圣智在圆成实性中没有发现遍计所执性或依他起性。[①]二谛、三性如此"隔离"是心智的认知模式及所行境的显现模式决定的，也只有如此"不圆融"才是真正圆融，否则只可能是过度圆融，去成立根本站不住脚的"中道"。

"互相无"的原则表明只有如实建立了三自性和三无性，才可能圆融地理解三自性和三无性如何显示有无以及有自性无自性等。在三性之间建立有无之外，在三自性与三无性之间也能建立有无，无掉的当然是三性上各自所不具有的体性。前文已有论述，此处不赘述。基于这样的关系和原则，诸法在三性上实现了有无的统一。这样，我们在蕴等法上去理解：依他圆二性有，遍计所执无，自成自体等非缘起的体性无，如所显现体性无，戏论体性无等等表述的"中道"。

有些人认为蕴等法"一切是虚妄（一切唯假）"是中道，那样

别。4.修观行者于诸行中，如其所见、如其所闻、如其所觉、如其所知，不应后时更求胜义。一向异的过患有四条：1.若胜义谛相与诸行相一向异者，已见谛者于诸行相应不除遣；若不除遣诸行相者，应于相缚不得解脱；此见谛者于诸相缚不解脱故，于粗重缚亦应不脱；由于二缚不解脱故，已见谛者应不能得无上方便安隐涅槃；或不应证阿耨多罗三藐三菩提。2.若胜义谛相与诸行相一向异者，应非一切行相共相名胜义谛相。3.若胜义谛相与诸行相一向异者，应非诸行唯无我性、唯无自性之所显现是胜义相。4.又应俱时别相成立，谓杂染相及清净相。

① 依他起性中有对遍计所执性的颠倒执著心识，世俗谛中也可以说包含遍计所执性，尽管遍计所执性实际不存在，但是在虚妄分别的观感中存在，可称之为"假有"。中道应该统摄染净有为无为假实等等一切，是一种万有理论，并非仅仅成立离言自性。当然对中道的观察，要实现证悟离言自性，断除杂染。

观点并不成立。"一切是虚妄（一切唯假）"意味着一切都是虚妄中成立，既然诸法都是在错乱观感中存在，圣智就什么也认知不到；既然没有所行境（所缘缘），就应该没有圣智，也就断除了般若波罗蜜多乃至三宝。如果诸法都是虚妄，错乱识也就没有作用，量识也没有作用，任何心识都会出问题。另外，"一切是虚妄"会造成事物没有因，缘生就变得不可能。

有些人认为蕴等法"世俗中有，胜义中无"是中道，《瑜伽师地论》《大乘广百论释论》《中观庄严释中道成就论》对这种观点进行了批驳。由胜量决断为无的，即可被胜量所损害的，根本就不存在，也就不可能成为世俗有。一切都是胜义中无，其实也就否定了一切施设处。蕴等施设的基础存在，才能施设补特伽罗或车等。如果没有蕴等，就没有什么可被缘取，也无法施设补特伽罗或车等。

这个问题的核心是需要正确建立力量，比如要建立缘起的力量（包含但不限于因或种子的力量）、心识的力量（包含错乱及不错乱显现）等。用力量检视的话，诸法在胜义中没有力量而说为"胜义中无"，在世俗中有力量而说为"世俗中有"，也就是一切都是"世俗中有"。这样的话，力量就变成从错乱而生，也就是以与事实不符合的方式出现，力量也就不存在，力量成办的事情就无法成办。总之，心境的存在方式或显现方式都出问题。

结合二谛和根本后得二智的认知模式，根本智不缘世俗谛（依他起性），世俗谛（依他起性）根本就不出现在根本智的自境中，在根本智的观感中没有世俗谛（依他起性），这也不意味着根本智决断世俗谛（依他起性）为无。根本智行于胜义谛（圆成实性），恰恰说明胜义谛（圆成实性）需于根本智成立为有，否则根本智就没有所缘缘，也就是说根本智并不决断胜义谛（圆成实性）为无。胜义谛（圆成实性）需有成立的基础，这再次说明根本智并不决断世俗谛（依他起性）为无。如果根本智把世俗谛（依他起性）决断为无，那么后得智、真俗并观的圣智见世俗谛（依他起性）应是颠倒妄见，或者反过来根本智应成是颠倒。所以，诸法根本就不是在最高的真实（胜义）上是不存在的，否则诸法就是压根不存在，又何谈在世俗谛中存在？如果就最高的真实（胜义）而言不存在，却又承认于世俗谛中有，一切只能是心识妄见，如同妄见空花、驴角之类，也就是前面提及的“一切是虚妄（一切唯假）”的中道观。

这样的情况下，宣说“无蕴等法”是描述在能所泯灭的认知模式下，胜义谛（圆成实性）对根本智显现，世俗谛对根本智不显现，根本智对胜义谛（圆成实性）的观感。类似地，宣说“有如幻蕴等法”是描述是现有能所的认知模式下，世俗法的显现，后得智对世俗谛（依他起性）的观感。宣说“非有非无”是在描述真俗并观的认知模式下对真俗二谛（圆依二性）观感，此中法的二谛都对此真俗并观的圣智显现。二谛的关系及圣智认知模式否定了“蕴等法于世俗中有，胜义中无”“由世俗故一切皆有，由胜义故一切皆无”“色心世俗故有，由胜义故非有非生”“一切是虚妄”“一切唯假”之类的中道观，那类中道是不善巧于二谛的错误建立，也失坏二谛。

诚然唯识宗也有主张有情及法是假名安立（施设），比如《唯识三十颂》第一颂指出“假说”的有情及法都依于识转变，那样的有情及法或无体或有体，是佛教或外道等的假名安立（施设）。对此应联系唯识学中三性关系来理解，具体说来安立（施设）的基础是识转变中成立的依他起性，对名及义等的遍计也属于依他起性，总之依他起性是遍计所执的所依，依他起性也是圆成实性的所依。三性非一非异等关系决定了不同体性（自性）的存在和显现方式，唯识宗依此建立二谛及三性中道。这样的情况下，唯识宗阐述的如幻、无自性、假名安立（施设）等，承许有离言自性是空之所余，并不蕴含“一切唯假”等主张。

主要参考资料

一、中文资料

（刘宋）求那跋陀罗译:《楞伽阿跋多罗宝经》,《大正藏》第16册。

（元魏）菩提留支译:《入楞伽经》,《大正藏》第16册。

（陈）真谛译:《转识论》,《大正藏》第31册。

（唐）玄奘译:《解深密经》,《大正藏》第16册。

（唐）地婆诃罗译:《大乘密严经》,《大正藏》第16册。

（唐）实叉难陀译:《大乘入楞伽经》,《大正藏》第16册。

（唐）不空译:《大乘密严经》,《大正藏》第16册。

[古印度]弥勒菩萨说，唐·玄奘译:《瑜伽师地论》,《大正藏》第30册。

[古印度]无著菩萨造，唐·波罗颇蜜多罗译:《大乘庄严经论》,《大正藏》第31册。

[古印度]无著菩萨造，陈·真谛译:《摄大乘论》,《大正藏》第31册。

[古印度]无著菩萨造，唐·玄奘译:《摄大乘论本》,《大正藏》第31册。

[古印度]无性菩萨造，唐·玄奘译:《摄大乘论释》,《大正藏》

第31册。

[古印度]世亲菩萨造，唐·玄奘译:《摄大乘论释》,《大正藏》第31册。

[古印度]世亲菩萨造，唐·玄奘译:《辩中边论》,《大正藏》第31册。

[古印度]弥勒菩萨造，唐·玄奘译:《大乘阿毗达磨集论》,《大正藏》第31册。

[古印度]安慧菩萨糅，唐·玄奘译:《大乘阿毗达磨杂集论》,《大正藏》第31册。

[古印度]无著菩萨造，唐·玄奘译:《显扬圣教论》,《大正藏》第31册。

[古印度]护法菩萨等造，唐·玄奘译:《成唯识论》,《大正藏》第31册。

[古印度]圣天菩萨本，护法菩萨释，唐·玄奘译:《大乘广百论释论》,《大正藏》第30册。

(唐)窥基撰:《唯识二十论述记》,《大正藏》第43册。

[古印度]安慧《大乘庄严经藏论解》、无性《大乘庄严经藏广解》，韩镜清译：未出版。

安慧:《辩中边论释》，韩镜清译：未出版。

安慧:《辩中边论释疏》(第一品)，缘宗译：未出版。

叶少勇:《中论颂：梵藏汉合校·导读·译注》，上海：中西书局，2011。

叶少勇:《六十颂如理论：梵藏汉和校·导读·译注》，上海：中西书局，2014。

曹彦:《从梵语波你尼文法论证玄奘唯识翻译和理解的正确

性》，《武汉大学学报（人文科学版）》第67卷第6期，2014。

［日］上田义文著，慧观等译：《唯识思想入门》，北京：宗教文化出版社，2017。

宝生寂（宝藏寂）：《中观庄严释成立中观道论》，顾毳由藏译汉，收入《印度佛教后期“空有融合思想”佛论选译》，北京：宗教文化出版社，2020。

王恩洋：《摄论疏》，武汉：崇文书局，2020。

弥勒著，麦彭注释，索达吉译：《大乘经庄严论》，拉萨：西藏藏文古籍出版社，2019。

林国良：《解深密经直解》，上海：上海古籍出版社，2019。

宝藏寂：《般若波罗蜜多修持口诀》，释法光译：收入《唯识研究》第七辑，北京：商务印书馆，2021。

宝藏寂：《中观庄严优波提舍（中观庄严口诀论）》，释法光译：收入《唯识研究》第九辑，北京：宗教文化出版社，2021。

叶少勇：《〈中论佛护释〉译注》，上海：中西书局，2021。

释则生：《唯识宗与应成派宗义抉择》，台北：新文丰出版公司，2021。

林国良：《成唯识论直解（修订本）》，上海：上海古籍出版社，2024。

二、外文资料

Fernando Tola and Carmen Dragonetti:*The Trisvavhāvakārikā of Vasubandhu*, Journal of Indian Philosophy, Vol. 11, No.3,

SEPTEMBER 1983.

Lewis R. Lancaster and J. L. Shastri, *Seven Works of Vasubandhu. The Buddhist Psychological Doctor*, RELIGIONS OF ASIA SERIES, Number 4, Printed by MOTILAL BANARSIDASS, Delhi, 1986 .

Stefan Anacker, *Seven Works of Vasubandhu*, Delhi: MOTITLAL BANASIDASS,1986.

Åke Boquist: *Trisvabhāva:A Study of the Development of the Three-nature-theory in Yogācāra Buddhism*, Printed by Graphic Systems, Malmö , 1993.

Jay L. Garfield: *Vasubandhus Treatise on the Three Natures: A Translation and Commentary*, OXFORD UNIVERSITY PRESS, 2002.

Roy Tzohar, *Metaphor (Upacāra) in Early Yogācāra Thought And its Intellectual Context*, COLUMBIA UNIVERSITY, 2011.

Matthew T. Kapstein, *Who Wrote the Trisvabhāvanirdeśa? Reflections on an Enigmatic Text and Its Place in the History of Buddhist Philosophy*, Indian Philos,2018.